雄安研究

（第三辑）

Research Of Xiong'an New Area

康振海　主编

河北出版传媒集团
河北人民出版社
石家庄

图书在版编目（CIP）数据

雄安研究. 第三辑 / 康振海主编. -- 石家庄 ：河
北人民出版社，2023.9
ISBN 978-7-202-16459-4

Ⅰ. ①雄… Ⅱ. ①康… Ⅲ. ①雄安新区－地方史－研
究 Ⅳ. ①K292.23

中国国家版本馆CIP数据核字(2023)第175218号

书　　名	**雄安研究　第三辑**	
	XIONGAN YANJIU DISANJI	
主　　编	康振海	

责任编辑	段　鲲　韩家欢
美术编辑	秦春霞
封面设计	马玉敏
责任校对	佘尚敏

出版发行	河北出版传媒集团　河北人民出版社
	（石家庄市友谊北大街 330 号）
印　　刷	河北远涛彩色印刷有限公司
开　　本	787 毫米×1092 毫米　1/16
印　　张	12.5
字　　数	150 000
版　　次	2023 年 9 月第 1 版　　2023 年 9 月第 1 次印刷
书　　号	ISBN 978-7-202-16459-4
定　　价	39.00 元

《雄安研究》（第三辑）编委会

目 录

对策研究

区域史研究

党史研究

抗战史研究

医疗社会史研究

文化探究

书　评

对策研究

雄安新区建设中的乡土文化传承与保护研究

张瑞静①

摘要：雄安新区建设是千年大计，如何在城镇化过程中留住历史文脉，是新区建设中面临的重要问题。对一个城镇来讲，如果没有自己的文化，就形不成自身的特色，优势就发挥不出来，造成的结果必然是"千城一面""万镇一面"。城镇都是由乡村发展起来的，乡土文化是城镇文化的根基。乡村是中华文化的精神创生地，中华文化的根在乡村，我们要从根部去关注它，保护好中华民族精神生生不息的根脉。

关键词：雄安新区　乡土文化　传承与保护

《河北雄安新区规划纲要》中提到：要传承与弘扬优秀传统文化；保护与发展历史古城、传统村镇；将标志性历史遗存的保护与城市公共空间的建设有机结合，保护传统村镇内历史空间格局清晰、传统风貌较为完整的核心地段，传承与展示水乡生产习俗和民

---

① 张瑞静，河北省社会科学院历史研究所所长，副研究员。

俗文化活动。因此，"雄安特色"是中国特色社会主义文化自信的重要内容。《纲要》同时提出，"塑造中华风范、淀泊风光、创新风尚的城市风貌"是融合中华民族优秀传统文化与中国特色社会主义先进文化的特色城市风貌。乡土精神是中华文明之根，中国乡土营造的传统始终是人类文明史的独特组成部分。这一营造方式经过近百年的发轫演进，为世界贡献了村落民居、宫殿园林、山水楼阁等杰出成果，在思想基础、核心价值、社会机制、生产生活形态等层面呈现出与生态文明的自适应性。抱朴归真的"匠人营国"理念，也是中华文明区别于西方文明的独特价值，而这恰恰成为中国近现代城市建设中最薄弱的环节。

费孝通先生曾在《乡土中国》中提出中国社会从基层看去是乡土性的，这无疑也是中国传统文化的重要组成部分。[①] 乡土文化是乡愁的重要载体，也是乡村振兴的重要灵魂和精神支柱。乡土文化对于繁荣社会主义文化，传承中华传统文化具有重要的意义。农村要留得住乡愁，必须振兴乡土文化。同时，只有重视乡土文化的挖掘并利用好乡土文化，不断推动乡土文化繁荣发展，才能使其成为城镇化的不绝源泉并为其提供持续的精神动力。因此，在雄安新区建设过程中，要深入挖掘、继承、创新优秀传统乡土文化，让有形的乡土文化留得住，充分挖掘具有农耕特质、民族特色、地域特点的物质文化遗产，加大对古镇、古村落、古建筑、民族村寨、文物古迹、农业遗迹的保护力度，让活态的乡土文化传下去，[②] 传承好雄安的历史文脉。

---

① 费孝通著：《乡土中国与生育制度》，北京大学出版社2005年版，第7页。
② 《走中国特色社会主义乡村振兴道路》，《论坚持全面深化改革》，中央文献出版社2018年版，第406—407页。

一、乡土文化所面临的问题

传统意义上的村落，其社会秩序与生活生产组织方式表现出较为稳定的民俗规约性；同时，村民运用民俗规约又具有一定的灵活性，在面对现实困境时这些民俗规约往往释放出相当的活力。千百年来"暧暧远人村，依依墟里烟"的乡土中国，正在经历人类历史上规模最大、速度最快的城镇化进程。随着城镇化的加速和农民打工生活的常态化，乡土社区显得日益"碎片化"。可以说，目前乡村青壮年向城市迁居（"去村落化"或"城镇化"）与乡土生活的城市化转变（"在地城镇化"），构成了当代中国乡村社会"城镇化"的基本特征。

国家对城镇化进程的加速推进，对所有社会阶层特别是农民群体而言，既是发展机遇，又带来诸多问题。一方面，农民"上楼"变为市民，在获得一定的生活便利、享受到当代文明福祉的同时，也在一定程度上拉动和扩大了内需，促进了经济的发展；另一方面，以农民为主体的大量新型社区的组织过程和文化建设等成为重要问题。如果各方利益能有交叉协调，这将是个有序的过渡，正在经历阵痛的乡土传统还可在调适中延续或重构。如果没有做好合理的过渡设计，而来自外部世界的改造压力又过强过急，则村落共同体的原有组织体系极易改变，村民的价值观容易发生裂变。

因此，在保护有形文化标志物的同时，还必须兼顾百姓民俗文化生活的延续，珍视地方传统文化给予人们的归属感。在碰撞交融形成新区文化的过程中，努力维系外来文化与本土文化的共存与平衡。可见，乡土文化的变迁是城镇化过程中的必然阶段，乡土文化如何在这一过程中获得"新生"，是关系到如何保住我们乡土文化根基的大问题，也是雄安新区建设当中面临的重要课题。

二、保护和传承乡土文化的路径选择

（一）建立正确的乡土文化观

乡土文化是中华民族得以繁衍发展的精神寄托和智慧结晶，是区别于任何其他文明的唯一特征，是民族凝聚力和进取心的真正动因。"一方水土养一方人"，千百年留下的文化，是艺术方式，更是一种生活方式，是老百姓在衣、食、住、行、用各个领域中能力和才华的结晶。它反映着乡村的历史、社会、思想的变迁，是今天我们可能触摸到的尚未消失的历史真实。① 保护不是让它们进入博物馆，也不是让农村生活再倒退，而是要把这些传统文化积淀变成我们未来文化创造的源泉。所以，在新区乡土文化保护的过程中要未雨绸缪，防止本已脆弱的乡土文化断裂。具体来说：

一是对乡土文化最有效的保护是积极的全方位的延承。所谓"积极的延承"是指：既要继承乡土文化的传统，也要适应现代生活需求进行新的创造；既要保护好原生态乡土文化，又要创造新生态乡土文化。所谓"全方位的延承"指的是：既要延承乡土文化的"文脉"，也要有选择地沿承作为乡土文化载体的"人脉"，既要延承乡土文化的物质表象（即"形似"），也要注意延承乡土文化的精神内涵（即"神似"）。需要特别提醒的是，不要忽视家族文化因素在乡土文化中的重要作用，其旺盛的生命力、感召力是维系人们世代延续、和谐共生、善待苍生的重要精神支柱和心灵托付。

二是树立"双向"保护和"共生"思维。既要"以文为基"，

---

① 单霁翔：《城市文化遗产保护与文化城市建设》，《城市规划》2007 年第 5 期。

保证历史文化遗产的完整性，让乡愁有"容身之所"；同时更要"以人为本"，保障村民安居乐业的延续性。乡愁是铭记历史的精神坐标，为保护好这份珍贵的记忆，雄安新区在建设之初就将各类历史遗存与规划建设有效衔接，充分尊重这些承载着乡愁记忆的要素，科学合理地保护与传承，延续地方历史文脉，传承乡土文化，让新区建设获得广大群众的情感与社会认同。2018年初，雄安新区党工委、管委会在全域组织开展"记得住乡愁专项行动计划"，这是一次全方位的乡土文化调查登记和传承活动。老房子、老井、老树、老磨盘、供销社、乡村卫生院、影院、戏台、桥梁、水闸、水塔、雄县佐各庄烈士墓、安新端村惨案遗址、圈头音乐会、鹰爪翻子拳、雄州黑陶制作技艺、郭村狮子会、雁翎大刀、大田庄村苇编字花席等，承载着雄安人民共同历史记忆的遗存陆续被建档"存根"。总之，要把"以人为本"和"以文为基"结合起来，把新的文化设施的建设和城镇的规划更有机地结合起来，否则，就会徒有其"形"，无有其"根"。

（二）挖掘乡土文化的现代价值

首先，在乡土文化的开发利用中注入健康、现代的文化因素。传统恰恰是在文化变迁中得以延续的，没有千年不变的传统，老百姓用自己的智慧去保存这种共同记忆，并在此基础上再造文化传统。因此，对于农民来讲，所谓乡土文化的传承不是要固守在原有的宅基地上的老房子里，即使从平房搬进了楼房，从农村搬进了城市，农耕生活的乡土记忆仍会在变化中被延续，仍会被人们带进新的生活场景中。如原来农村用来装水的木桶可能要被淘汰掉了，但如果把它摆在城市的客厅里养鱼，反而别有一番情趣。类似于这种乡土文化要进行开发利用，就需要在不改变原有物质内容的前提下，需要有设计的智慧，进行功能的转换，并注入健康、现代的文化因素，这样就会得到更多人的认可和接受。

其次，相关部门必须积极引导、组织，并给予技术、资金等方面的扶持。为了保护好珍贵的记忆，雄安新区组织开展"记得住乡愁专项行动计划"即是一次很好的实践，对于科学合理地保护与传承地方历史文脉和乡土文明非常有益。此外，采取一些帮扶措施以艺术的手段把老百姓生活中的乡土文化基因激活，如鼓励老百姓唱自己的歌，跳自己的舞，讲自己的故事，多给乡土文化以表现的机会，多参与指导其中的创作等。遗产活化，是把遗产资源转换成为现代产品，而又不影响遗产传承的护用并举的治理过程。通过对历史文化遗存的挖掘、整合、创新、传承和利用，重新建立起遗产与现代人生活的关系，赋予历史文化遗存新的生命和活力。当前，新区有关部门已经制定了活化利用需要遵循的原则：保证历史文化遗存的真实，展现历史；结合重要建筑及开敞空间，巧妙利用，共同塑造空间氛围；积极探索新技术、新材料在保护与活化利用中的应用；落实绿色低碳、节约、可持续发展的要求；从文化、文物、规划等多专业角度保护历史文化遗产。

再次，充分利用现代技术手段和艺术理念，将乡土文化开发成现代艺术品或艺术形式，引入现代生活。要激活乡土文化的"现代芯"，将传统文化资源有效利用与文化产业创新规划有机结合，因地制宜，积极推动文化遗产保护与相关文化产业融合发展，打造特色文化产业，形成产业联动；充分发挥本地传统资源优势和区位优势，建立手艺专业组织，服务经济建设和文化建设，从而带动当地农民增收致富。如，芦苇画是白洋淀特色旅游工艺品之一，素有"一淀水，一淀银，一寸芦苇一寸金"之誉。白洋淀芦苇历史悠久，早在北宋《太平寰宇记》中已有"淀中有蒲柳葭苇"的记载，故淀区俗称"苇子"为金条或铁杆庄稼。白洋淀芦苇画是安新县的传统手工艺品，经过民间艺人的潜心研究和探索，其工艺已日趋成熟，是家居、办公装饰的首选，更是馈赠亲友、收藏保值之佳品。白洋淀芦苇画既传承了乡土文化符号，保存了文化认同，也为变成居民后的农民带来了收入，类似这样的手工艺品应加大加快开发力度。

此外，雄安新区还启动了"数字乡愁"影像留存和"数字乡愁云"工作，运用虚拟现实技术、三维展示技术、计算机网络技术、三维实时渲染技术等，构建与现实世界孪生的数字虚拟空间。通过对雄安新区内的数字乡愁点进行 VR 及视频解说制作，建立"数字乡愁"文化平台，最大限度地保留和记录古村落乡愁。

（三）让民间资本来滋养乡土文化

积极引导民间资本进入乡土文化产业领域，并建立起多元化的文化产业融资机制，由过去单纯的政府投入转变为政府、企业、社会等多元化投入，这样既保护了乡土文化，又有助于美丽乡村建设。雄安地区的乡土文化有着丰富的文化资源，这是乡村在长期的社会生产和社会活动中所形成和积淀下来的，其中有许多有价值的优秀的民间艺术形式和内容，大部分民族民间文化就"活"在广大农民的日常生活中，如红白喜事、庙会香会所举办的仪式和戏曲歌舞表演等。这不仅是农民的一种文化生活方式，而且也是传递诚信、合作等一系列文化价值和态度的民间资本的重要载体。丰富的民间文化艺术不仅具有很高的文学、艺术和历史价值，还有着深刻的思想内涵。它往往引领乡村社会某一时期思想和精神领域所崇尚的主流，这一主流主导着统一文化背景下的农民群体性格，对农民价值观念、是非标准、审美意识的形成都有着重要的影响。而乡土文化在内容和形式上所具有的喜闻乐见、寓教于乐的优势，更容易受到农民欢迎、吸引农民参与。若能结合农民群众的精神文化需要推陈出新，进行文化的传承、创新与发展，对丰富农民群众的精神生活、繁荣农村公共文化都有着积极的意义。同时，通过对传统民间资本存量的积累和强化，增进其有益成分，消解其不良因素，能够更好地为现代社会服务。近年来，文化产业日益受到民间资本的青睐，但是文化产业因培育期较长、市场营销模式不明朗等因素，又使得民间资本产生投资顾虑。那么，如何消除民间资本的投资顾虑，实现民间资本与乡土文化健康圆满的结合呢？这就需要在做好政策引导的同时，进一步深化民间资本对乡土文化产业的认识。因此，在引导民间资本进入乡土文化产业的前期，相关的政府部门应针对重点的乡土文化产业项目，召集相关专家与民间资本持有者，共同对项目的市场定位及营销模式等方面进行论证，以保证项目的可持续性发展，这也是激励民间资本投入热情的关键。

（四）培养农民的文化创造力

城镇化进程对于乡土文化的发展是机遇与挑战并存、特色与创新共进的历史发展过程。然而，对于乡土文化自身发展而言，其社区内部的发展动力主要是文化重构。即使是面对很多外在势力干扰，甚至是略显弱势，其主动权还是应该掌握在乡土民众自己的手中。广大民众是这些文化遗产的创造者、使用者和守护者，是文化遗产的真正主人。[①] 广大民众的积极参与和支持是传承乡土文化的

---

① 单霁翔：《城镇化进程中的城市文化建设与文化遗产保护》，《城乡建设》2013年第 6 期。

未来和希望。因此，努力培养农民自身的文化创造力，是推动城乡文化健康合理发展的关键。

在广大农民中，不乏有文化内涵、有文娱天赋、有组织才干的佼佼者，这些乡村文化精英是乡土文化发展的领导者、推动者和带头人。乡土文化的保护、开发与发扬，都需要能够真正扎根在农村的文化精英来担纲。他们在新型城镇化过程中，能够利用本身所拥有的各种资源和文化优势，成为乡土文化传承不可或缺的力量。在整合农村本土文化资源、连接乡村与外界的文化网络和资源等方面，发挥着中间作用。因此，这些熟悉乡土文化的精英，能够让自己的文化在广阔大地生生不息是其职责所在，这样能够充分调动他们的主观能动性和积极性。不仅如此，这些乡土文化精英来自基层民间，是地地道道的乡民，其所擅长的又多是乡村社会固有的文化。因此，乡土文化精英充当主力乃情理之中。在媒体报道中，在现实生活中，一位乡土文化精英活一方文化、乐一方百姓的例子比比皆是，如中国北方唯一一个世代以排船（造船）为生的专业村——雄安新区安新县马家寨。全村 5000 多人，50 岁以上的村民大都会造船；即便未从事过造船行业的年轻人，在锛凿斧锯、摽线放木的活计上也毫不含糊。但是，曾经无限辉煌的马家寨造船业，随着时代的发展也在变化，会造船的人越来越少，祖传的造船技艺开始出现断层。马家寨造船手艺代代心口相传，没有图纸，也没有模型可供参考。为了把传承了千年的老手艺传下去，村里不少人将脑子里装了大半辈子的造船技艺和船只样式画成图纸，如能整理出版留给后人研习，也算圆了造船老艺人们的心愿。

在发掘和培养农村文化精英的过程中，还应注重加快人才队伍建设。培养农村适用的相关人才，包括发挥农村文化骨干、文化能人、文化名人、民间艺人的积极作用；加强农村业余演出队、业余电影放映队、文化中心户、农家书屋、农村义务文化管理员等业余队伍的培训；重视乡镇文化站的选人用人问题。作为乡土文化的主体者和受益者，农民本身理应成为本土文化建设的主力军和开拓者。给农民创造主动参与的机会，而不是只有被动接受的份，更能激发农民群众的参与积极性，更能提升农民群众的成就感。同时，还要让农民群众经常性地参与文化生活、享用文化食粮，而不是偶尔来点文化调剂和刺激。所以，让农民成为乡村文化建设的主体，以及让乡村社会固有的各类优秀文化成为繁荣乡村文化的主要资源来源和主要实践客体，才能真正盘活乡土文化，使其与新型城镇化有机结合起来。文化要发展，人才是关键，还更需要引进敢创新、有特长的人才，为当地乡土文化注入生机增添活力，从而打破原有的闭塞环境，为其营造良好的发展氛围，促进城乡文化的兴旺繁荣。

（五）加强城乡文化的双向互动

现代化的城市垄断着广大农村的信息获取渠道，通过铺天盖地的传媒、广告向农村输送大量远离他们的消费信息和"够不着"的生活方式。大家都理所当然地认为农村落后、农民教育程度低、农业产值低，从而得出农村文化劣于城市文化，需用城市文化来改进农村文化的片面结论。我们必须换位思考，真正认识到照搬城市文化和工业思维将对广大农村文化生活的改进无益。如何可以从农村已有的文化基础和农民的接受习惯、心理特点开始，为生活在乡村的人们提供一个符合乡村特点的文化系统和价值系统？一方面，应改变地方政府的政绩考评机制，改变以 GDP、招商引资论英雄的农村发展思路，认识到乡土文化的发展在乡村振兴中的特殊意义，将乡土文化独立列入各级政府预算及地方政府政绩考核体系内。另一方面，应积极引导社会舆论转变认识，开展公众讨论。鼓励城市人通过各种渠道下乡调查、体验生活，了解农民及乡土文化，增进沟通了解与城乡互动。应该建立城市文化与农村文化双向交流机制，以实现城市与农村的双赢，实现文化公平。城市文化只有在与农村文化的碰撞中，吸收农村文化浓厚的乡土特色，才能引领时代潮流。与此同时，民间乡土文化只有在与现代都市文化和世界文化的碰撞中，才能建立现代农民所需要的新农村文化。

总之，城镇化不是把乡土文化"化"掉，而是从一开始就要注重保护与传承，留住一座城市的文化根脉。要让城市和乡村的差异化协调发展，各种文化百花齐放。重视乡土文化的传承和保护，不仅能为后人提供源源不断的精神文化资源，为中国特色社会主义文化建设提供精神养料，而且还可以让人们在现代化的冲击下"诗意地栖居"。尤其在当前，我国进行的城乡统筹、生态文明与新农村建设方面，我们应该更加积极地从历史中借鉴经验、吸取教训和认清现实，建立对传统文化价值的认可与自信，在构建当今中国社会的良性治理机制、实现城乡一体化、全民富庶的过程中扬长避短，在前人已走过的"乡村建设"之路上大胆创新、不断进取。

Study on the Inheritance and Protection of Local Culture in the Construction of Xiong'an New Area

Zhang Ruijing

Abstract：The construction of Xiong'an new area is a Millennium Project. How to retain the historical context in the process of urbanization is an important issue in the construction of the new district.

Only when a town has its own culture and forms its own characteristics. It can its advantages be brought into play. Cities and towns are developed from the countryside, and local culture is the foundation of urban culture. The countryside is the spiritual birthplace of Chinese culture. The root of Chinese culture is in the countryside. We should pay attention to it from the root and protect the endless root of the Chinese national spirit.

Key words: Xiong'an New Area; Local culture; Inheritance and protection

雄安新区地方志汇编四种述评

朱文通　段博文①

摘要：2017 年 4 月 1 日，中共中央、国务院宣布设立河北雄安新区后，各界从各自的学科出发纷纷开展雄安研究，地方志方面取得突出成果，陆续出版《雄安新区方志丛书》②《雄安方志丛书二编》③《雄安新区历代方志丛编》④ 以及《雄安新区旧志集成》⑤ 等 4 套丛书。本文对上述 4 部图书进行了简明扼要的评述，指出各自的特点和学术价值等。本文认为，4 部雄安新区方志汇编基本上涵盖了现存可寻的雄安三县所有的旧方志，是有关雄安新区古籍整理和文化建设的一批重要成果，也是关于雄安新区文献资料建设保护与传承的重要体现。

---

① 朱文通，河北省社会科学院历史研究所研究员。段博文，河北师范大学历史文化学院硕士研究生。

② 魏国栋主编：《雄安新区方志丛书》，凤凰出版社 2017 年版。

③ 梁松涛主编：《雄安方志丛书二编》，北京燕山出版社 2021 年版。

④ 李勇主编：《雄安新区历代方志丛编》，学苑出版社 2017 年版。

⑤ 新莲池书院编：《雄安新区旧志集成》，国家图书馆出版社 2017 年版。

关键词：雄安　地方志　述评

2017 年 4 月 1 日，中共中央、国务院印发通知，决定设立河北雄安新区。社会各界无不欢呼，盛赞这一重要举措为"千年大计"。雄安新区规划范围包括河北省保定市雄县、容城、安新 3 县及周边部分区域。在雄安新区规划建设过程中，习近平总书记明确指出，规划建设雄安新区是具有重大历史意义的战略选择，是疏解北京非首都功能、推进京津冀协同发展的历史性工程。2018 年 12 月，《河北雄安新区总体规划（2018—2035 年）》得到国务院的正式批复，雄安新区由规划阶段进入全面建设阶段。雄安新区是继 1980 年深圳经济特区、1992 年上海浦东新区设立之后又一全国性的新区，对当代中国区域协同发展具有里程碑意义。

雄安新区地处冀中平原，所辖 3 县（雄县、容城、安新）历史悠久，文化积淀深厚，为燕赵文化的发源地之一。雄安新区在历史上处于农耕与游牧两种文化的交融交汇地带，是农耕与游牧两种文化的缓冲区；作为多种民族的交往、交融、交流之地，雄安新区具有丰富的历史文化资源。在这片土地上产生并留存至今的图书文献资料可谓卷帙浩繁、种类繁多，既有传统的经史子集等经典和地方史志等乡邦文献资料，又有散落在各地的大量考古资料和石刻文献等，还有近代以来形成的大量的公文档案文献等。这些文献资料记录着自古至今雄安新区的人民在思想、文化、史学、文学、艺术等诸多方面的辉煌成就，并蕴含着丰富而宝贵的、具有地域特色的历史文化内涵；深入挖掘并研究这些历史文献资料，成为学术界刻不容缓的重要工作任务。

"无文化传承，无雄安未来。"一个新的城市能否建设好、立得住，传承好历史文脉和红色基因，注重并大力加强对历史文物和历史风貌的保护，是其中重要的一环。因此，"坚持保护弘扬中华优秀传统文化、延续历史文脉"是雄安新区规划建设的重要内容之一。目前，雄安新区进入全面建设的新阶段，对其历史文化资源进行深入挖掘，可以为雄安新区的文化建设提供更多有益的历史参考和借鉴。雄安新区成立后，历史学者从雄安新区的历史沿革、文化遗存、风土人情、文献搜集等领域入手，进行了广泛深入的研究，其中尤以方志之搜集进展最快，古籍整理的成果最为显著，为各界的研究工作提供了丰富的资料。

"最古之史，实为方志。"（梁启超《中国近三百年学术史》十五）方志保存了与某一地域有关的大量文献资料，其所独具的体系性、地域性、传承性等特征，为后人了解一地的政治、经济、社会及文化等方面，提供了一个独特的视角和丰富的人文资料。目前，雄安新区地方志汇编成果已出版丛书 4 部，分别为《雄安新区方志丛书》《雄安方志丛书二编》《雄安新区历代方志丛编》以及《雄安新区旧志集成》。上述 4 部方志汇编，对明清至民国时期雄安新区的地方志进行了广泛的搜集与整理，既具有重要的研究价值，又大有裨益于雄安新区的文化建设。

《雄安新区方志丛书》《雄安方志丛书二编》《雄安新区历代方志丛编》以及《雄安新区历代方志丛编》《雄安新区旧志集成》等 4 套方志汇编，基本囊括了自明中叶至清末雄县、容城、安新 3 县的历代方志文献。在编纂指导思想上，4 套方志汇编保持高度一致，均认为保定与雄安 3 县及其周边高阳、任丘、霸州等周边县的历史发展具有互相包容、相互渗透、相互影响的密切关系，因此 4 套方志汇编除搜集了雄安新区的相关方志之外，还以不同方式将保定及周边地区的相关方志或档案资料纳入其中，这是 4 套方志汇编的突出特点。与此同时，4 套方志汇编又各具特色。

《雄安新区方志丛书》共 16 册，其中 1—3 册主要收录明清时期的雄县志书，4—11 册收录乾隆、咸丰、光绪 3 朝及民初时期的容城县志，12—15 册收录乾隆、道光时期的新安县志（安州县志）。全书注重对方志原貌完整度的保持，对方志中的模糊、缺失内容尽力还原，内容丰富完整，较全面地呈现出雄安 3 县之区域图、历史沿革、官职设置、官员变迁、名人事迹、艺文实录、地方财政等诸多内容，具有丰富的研究价值。《雄安新区方志丛书》与其他方志汇编最大的不同在于第 16 册，这也是该汇编的最大亮点。该册辑录了《保定商会档案》《救济院档案》中与雄安新区相关档案资料，其内容包括雄安 3 县地方商品交易、商业行为、粮价变动、航运规范等诸多资料，资料具有原生态、完整性的特点，对于研究清末民初雄安地方社会公共事业建设与商业活动等有重要参考价值。

《雄安方志丛书二编》是在《雄安新区方志丛书》的基础上进行的增补，主要增补了高阳、任丘、霸州、大城、文安 5 县的方志。共分 28 册，其所收版本，上起明万历间的《任丘县志》，下迄 1934 年的《霸州新志》，含刻本、抄本、铅印本。就内容上看，涉及到明、清、民国 3 个时期，雄安地区的历史沿革、自然地理、社会发展状况以及文化等，都在方志中有着丰富体现。《雄安方志丛书二编》秉承了《雄安新区方志丛书》的编纂精神，对其新增补方志内容进行完整还原，凸显了该书编纂过程中力求史料原始性、完整性之编纂精神。由此可见，《雄安新区方志丛书》《雄安方志丛书二编》两书合计收录志书 28 种，基本涵盖了现存可查的雄安新区各种方志的各个版本。

《雄安新区历代方志丛编》全书共 42 册，集纳了明清以及民国等不同时期的雄县、容城、安新 3 县及其周边部分区域的历代方志文献 18 种编辑刊行，包括明嘉靖 16 年的《雄乘》、清光绪三十一年的《雄县乡土志》等。其中，清乾隆 26 年的《容城县志》等，均是未曾再版的珍本。全书除收录雄县、容城、安新 3 县方志外，还收录了与保定相关的地方志（自明代弘治年间《新修保定府志》至光绪《保定府志》）。全书篇幅较大，涵盖方志范围广泛，装帧制作水平上乘，所选版本大都比较珍贵。为便利后人研究使用，本书对方志中污名、漏损部分进行了适度的修补与清除，力求保持原貌，保持完整性。全书通过严谨细致的修补工作，最大程度地保证了全书使用价值，成为研究雄安 3 县以及明清时期保定府历史沿革、官制设置、历任官员、地区农牧业、适宜作物、人物事迹、艺文实录等诸多领域的基本史料。

《雄安新区旧志集成》共 15 部方志，含雄县 5 部、安新县 5 部、容城县 5 部，上启明代嘉靖十六年《雄乘》，终于 1920 年的《雄县新志》。本书使用传统印刷工艺，使用宣纸印刷，线装函套装订，制作工艺精湛，将传统工艺与现代印刷技术进行完美结合。本书在版本的选取上独具一格，编纂除选用刻本、铅印本等传统版本外，还选用独家稿本，如道光《安州志》19 卷等，使此书收录内容兼具稀缺性与珍贵性，史料价值极高。

总而言之，四部雄安新区方志汇编基本上涵盖了现存可寻的雄安 3 县所有的旧方志，是有关雄安新区古籍整理和文化建设的一批重要成果，也是关于雄安新区文献资料建设保护与传承的重要体现。4 部雄安新区方志汇编，对于学术研究与广大群众查阅资料，均具有重要的史料价值，在资政育人方面更是具有不可替代的重要价值。4 部雄安新区方志汇编的先后出版，一方面可推动史学工作者深入开展雄安新区历史沿革与社会变迁的综合性研究，为雄安新区的文化建设提供有益的参考和借鉴；另一方面，也会激发社会各界对雄安新区历史文化的关注热情，让大家更加了解雄安历史的发展，积极主动地承担起传承雄安文脉的历史责任。

4 部雄安新区方志汇编的出版，是雄安历史文化研究的良好起步，热切期待着《雄安通史》早日出版。笔者建议，今后应进一步加强雄安新区历史文化资源的搜集、整理和保护工作，可以考虑建立雄安新区文化典籍数据库，并以地方文献建设研讨会、专题性资料收集展览等多种形式，关注雄安、研究雄安，实现对雄安文脉的深层次发掘与传承，为雄安新区的文化事业建设服务。

Four kinds of local chronicles of Xiong'an New Area

Zhu Wentong   Duan Bowen

Abstract：On April 1, 2017, after the Central Committee of the Communist Party of China and the State Council announced the establishment of Xiong'an New Area in Hebei Province, all walks of life began to carry out Xiong'an research from their respective disciplines and made outstanding achievements in local chronicles. They successively published the series of local chronicles of Xiong'an New Area（edited by Wei Guodong, Phoenix Press, 2017）, the second series of local chronicles of Xiong'an New Area（edited by Liang Songtao, Beijing Yanshan Press, 2021）Four sets of books, including "Chronicle Series of Xiong'an New District"（edited by Li Yong, Xueyuan Press, 2017） and "Integration of Old Chronicles of Xiong'an New District" (edited by New lianchi Academy, National Library Press, 2017). This paper briefly reviews the four books mentioned above, and points out their characteristics and academic values. This paper believes that the four local chronicles of Xiong'an New Area basically cover all the existing old local chronicles of the three counties in Xiong'an, which are important achievements in the collation of ancient books and cultural construction of Xiong'an New Area, and also an important embodiment of the protection and inheritance of the construction of documents and materials in Xiong'an New Area.

Key words: Xiong'an; Local chronicle; review

20世纪50年代保定地区手工业社会主义改造研究

樊孝东①

摘要：中华人民共和国成立后，城乡手工业得到了迅速恢复与发展。从1951年起，保定专区首先在有发展基础的地区和行业试办起手工业生产合作社，如高阳、清苑、安新等地的织布业以及固安县的铁业。但是，与同一时期农业互助合作运动的突飞猛进相比，1953年以前手工业的组社工作进展不大。过渡时期总路线提出后，中央和地方成立手工业专管机构，社会主义改造（合作化）步伐明显加快。在保定地区手工业社会主义改造实践中，曾发生过一些急躁冒进现象，在改造中和改造完成后又采取了一系列的调整措施。

关键词：保定地区　手工业　社会主义改造

在20世纪50年代的社会主义改造（合作化运动）中，个体手工业的社会主义改造显得有些波澜不惊，正如有的论著所描述的："可以说是顺流而下，没有费多少周折。"② 从现有的研究来看似乎也是如此，即与农业、资本主义工商业改造相比，在手工业改

---

① 樊孝东，历史学博士，河北省社会科学院历史研究所副研究员。

② 武力主编：《中华人民共和国经济史》增订版上卷，中国时代经济出版社2010年版，第230页。

造方面无论是资料整理还是研究成果均相对匮乏。① 然而，对于一场历经数年且关涉数千万人②生计的历史变革而言，手工业社会主义改造经历了一个非常复杂的过程，从国家层面的顶层设计，到省、专、县各级的贯彻执行，再到广大手工业者的实践等，其中所包含的内容均极为丰富。有鉴于此，本文拟以 20 世纪 50 年代的保定地区③为例，以保定专署手工业局档案为主，通过考察这一地区手工业社会主义改造的历史，一方面可弥补以往研究的不足，另一方面对加深新中国社会主义改造和建设的认识也不无裨益。

一

中华人民共和国成立后，中央人民政府对城乡手工业的恢复与发展非常重视。1949 年 11 月，在国务院财经委员会之下设立中央合作事业管理局，以指导推动全国的合作事业。1950 年 6 月，中共中央在转发华东局关于浙江萧山县破坏手工业行为的通报中指示："我们对手工业的政策，是扶助、改进、推广的保护政策，而不是乱划阶级、乱斗争、乱征税的破坏政策。"④ 并号召广大党员

① 有关手工业社会主义改造代表性的资料汇编有：中华全国手工业合作总社、中共中央党史研究室编《中国手工业合作化和城镇集体工业的发展》（共四卷）；代表性的成果主要有：范友磊《石家庄市手工业社会主义改造研究》（河北大学 2010 年硕士论文），柳作林《中国手工业的社会主义改造研究——以湖北省为例》（华中师范大学 2015 年博士论文），梁嫚嫚《20 世纪 50 年代手工业社会主义改造研究——以上海县上联袜厂为中心》（上海师范大学 2018 年硕士论文）等。
② 据 1952 年国家统计局初步统计，全国城乡手工业工人和手工业独立劳动者达 1930 余万人，至 1954 年超过 2000 万人。参见中国社会科学院、中央档案馆编：《1953—1957 中华人民共和国经济档案资料选编·工业卷》，中国物价出版社 1998 年版，第 857 页。
③ 包括新中国成立初期保定专区全部和定县专区的部分县。
④ 《中共中央关于手工业政策的指示（1950 年 6 月 12 日）》，中共中央文献研究室编：《建国以来重要文献选编》第 1 册，中央文献出版社 2011 年版，第 247—248 页。

干部坚决执行这一政策。同年 7 月，中央合作事业管理局召开全国合作社工作者第一届代表会议，决定成立中华全国合作社联合总社，统一领导全国的供销、消费、信用和手工业等合作社。刘少奇在会议报告中指出："目前主要应办三类合作社，即在工人和城市劳动人民中组织消费合作社，在农民中组织供销合作社，在城乡手工业者中组织手工业生产合作社。"① 1951 年 6 月，第一次全国手工业生产合作会议制订了全国第一个《手工业合作社章程准则（草案）》，明确了手工业合作社的目的、性质和任务，决定对各地已经建立的手工业合作社进行整顿与改造。同年 8 月，河北省召开第一届手工业生产合作会议，传达了中央组织手工业生产合作社的方针与政策，随即在全省范围内着手整顿与重点试办手工业生产合作社。到 1952 年底，全省试办的手工业合作社达 296 个，社员1.6 万人。②

保定地区的手工业历史悠久，行业齐全，产品多样，如高阳的织布业、安新的织席业、固安的柳编业等，鼎盛时期从业人员均在万人以上，有非常广泛的群众基础和优良的技术传统，在城乡社会生产、群众生活中占有重要地位。据安新县的调查资料显示，1950年该县年产值（折米）超过 30 万斤的大宗手工业即有苇席、土布、皮火硝、盖房箔、白麻等业。其中，织席业最为兴盛，1950年全县共有织席村庄 137 个，19208 户席民，35708 人，全年产席2622180 片，总值折米 36710520 斤。③ 但是，由于各业处于分散生

---

① 中共中央文献研究室编：《刘少奇年谱（1898—1969）》下卷，中央文献出版社1996 年版，第 258 页。
② 《河北省志·共产党志》，中央文献出版社 1999 年版，第 181 页。
③ 《安新县 1950 年土产产销情况及 1951 年的土产推销计划（1951 年 5 月 5 日）》，华北局联合档案长期卷，档案号：95-87-7。

产状态，既没有专门的机构组织私商推销产品，又未能在生产中及时改进技术、提高质量、降低成本，不少手工业品发生滞销现象。1951 年河北省首届手工业生产合作会议后，保定专区对手工业生产合作社的组织工作提起了重视，河北省供销合作总社保定专区办事处开始设专人负责（由组导科兼管）。1952 年 7 月，专办处专门设立生产合作科负责全区的手工业工作，生产合作科设科长 2 名，科员 3 名。随后，各县先后组建相应机构，至 1952 年 11 月底统计，全专区已有 15 个县建立了生产合作科，共配备干部 33 名，其中，科长 15 名，科员 18 名。①

1951 年下半年，保定专区首先组织试办的是当时手工业有相当发展基础的地区和行业，如高阳、清苑、安新等地的织布业以及固安县的铁业，这几个县也是全区最早建立手工业生产领导机构的县。据统计，当时组织起来 25 个大布社和 1 个铁业社；另有互助组性质的渔业生产组 2 个，织席生产组 2 个，大布生产组 4 个。此外，还组织了一些合作工厂，分为 3 种类型：一是小型工厂，有铁木工厂 1 个，翻砂厂 1 个，印花厂 1 个；二是加工作坊，有皮革厂 1 个，醋酱加工厂 2 个；三是临时性质的季节性生产的棉花加工厂共计 41 个。但是，由于工作生疏，上述手工业合作组织成立后在经营管理上发生了问题，如清苑县铁木工厂，1952 年前半年赔了 1000 万元（旧币）；再如安新县棉花加工厂，因计划不周，买来的机器不能使用，致积压资金 4 亿多元（旧币）。②

---

① 《河北省供销合作总社保定专区办事处生产合作科 1952 年工作总结（1952 年 12 月 13 日）》，保定专署手工业局永久卷，档案号：30-1-4。

② 《保定专区供销合作总社组导、生产会议生产工作布置（1952 年 7 月）》，保定专署手工业局永久卷，档案号：30-1-2。

　　为此，保定专区供销合作总社于 1952 年 7 月专门召开生产合作会议。明确组织起来的目的是改进技术，提高质量，降低成本，增加积累，进而引导广大手工业者向集体化方向发展。为避免盲目组社，会议确定将当前组社的重点放在有发展前途的行业，如铁木、柳编、织席、成衣等，而纯属副业性质或无发展前途的行业暂不组织。会议强调，建立手工业生产合作社必须具备的条件：一是必须有一定的技术、工具、原料和销路，并有一定数量的社员基础和资金力量；二是必须采取自愿的原则，社员必须直接参加劳动，工业资本家不得混入；三是必须有坚强的领导骨干和相对健全的民主管理制度等。关于组社的步骤、方式和具体要求：首先，对目前已经建立但不完全正规的社加以整顿，教育社员克服偷工减料等行为。其次，对尚未建立手工业生产社的县，要求迅速建立起领导机构，然后有重点、有计划地去组织，要求各县供销社在 7 月一律建立起生产科并配备好干部，第三季度在重要集镇建立 1 个手工业生产社。再次，在手工业已有生产互助组基础的县，则必须积极认真去领导，大胆放手更进一步，把他们组织起来进行改造，走向合作道路，要求第三季度完成 2 个典型社。为响应 1951 年 10 月毛泽东提出的增产节约号召，会议还要求全区各级手工业生产合作社和加工厂，要开展一次轰轰烈烈的增产节约运动。①

　　1952 年下半年，在我国即将完成国民经济的恢复任务之际，中共中央开始启动编制第一个五年计划并考虑向社会主义过渡的问题。此时，农业互助合作运动、爱国增产竞赛运动正在全国各地普

---

　　① 《保定专区供销合作总社组导、生产会议生产工作布置（1952 年 7 月）》，保定专署手工业局永久卷，档案号：30-1-2。

遍开展。据统计，至 1952 年 11 月，保定专区已有农业互助组 12.9 万个，农业生产合作社 85 个，组织起来的农户占总户数的 67%，劳力占 66.5%，比 1951 年增加了 24%。[①] 定县专区于 1952 年秋后还试办了 3 个 100 户以上的大型农业生产合作社，其中饶阳县耿长锁社达到 350 户，定县明月店温全合社 149 户，十家町王振田社 117 户。[②] 与农业互助合作运动的突飞猛进之势相比，这一阶段保定专区手工业的组社工作进展不大。据 1952 年 11 月统计，全区共有 17 个手工业生产合作社，包括铁业、渔业、大布业、席业等，社员发展到 1395 名。总体来看，手工业组织起来的行业和人口比重还很小。仅当时几种主要行业的不完全统计，组织起来的手工业生产合作社社员只占从业者的 1.6%，尤其是在与群众生产生活密切相关的渔业、铁木业、农具修配业等方面，组织起来的更少。

为了促进和规范手工业生产合作社的组建，河北省供销合作总社保定专区办事处于 1952 年 11 月对手工业的发展方针和建社重点作出了十分详尽的规定：要求已经建社的县率先对现有的合作社进行整顿，使其生产在当地行业占到一定比重，同时着手组建新社；尚未建社的县，要立即进行调查摸底，选择有发展前途的行业进行建社。就全区来讲，要以渔业、铁木农具制造业为建社重点。对各县的重点建社行业也作出明确规定：安新县以渔业、布业为重点；涞源县以皮毛、石棉生产为重点；涞水、易县以铁木生产为重点；满城县以石灰、石板、铁业生产为重点；唐县、完县（今顺平县）

---

① 《保定专区第一次互助合作专职干部会议结论（1952 年 11 月 22 日）》，保定专署农林局永久卷，档案号：43-4-4。

② 《中共定县地委关于试办大型农业生产合作社向省委的报告（1953 年 1 月 6 日）》，华北局联合档案长期卷，档案号：95-116-8。

以铁木、翻砂生产为重点；涿县、定兴、徐水、望都以建立城镇铁木业生产社（包括翻砂）、被服生产社为重点；固安以整顿铁业社为重点，同时可建立针织业生产合作组并逐渐改变为生产合作社；新城（今高碑店市）、容城、雄县以在城镇建立铁木业生产合作社（包括翻砂业）为重点，麻绳业根据销路也可组织生产社。其他行业，各县可视原料、技术、销路等情况积极组建生产社筹委会或生产小组，逐渐发展为合作社。对各县情况分别作出要求：清苑、高阳、安新、固安4县要一面整顿一面积极建立新社，至年底安新要建立大布社4个、渔业社1个，高阳建立大布社5个，清苑建立大布社5个，固安建立生产合作社1个、合作社筹委会或生产合作组1个。涿县建立生产合作社1个，合作小组1个。新城（今高碑店市）、定兴、徐水、满城、涞水要求各建1个社。唐县、望都、完县（今顺平县）、雄县、容城、易县、涞源至年底各建1个生产社筹委会或生产合作组，准备明年春季改为工业生产社。①

至1952年12月底统计，保定专区各种手工业生产合作社发展到34个。其中，大布社21个，铁业农具社3个，服装缝纫社3个，渔业生产社2个，另有木业、麻绳、席业、针织、造纸业社各1个；社员发展到3187名，占全专区总行业人口的3.71%。② 组织起来的合作社已初步显示出其优越性，如高阳地区大布社的产品远销东北、察哈尔、绥远等地，既解决了群众生活需要，又补充了机织布之不足。固安县城关铁业社与县大联社订立合同，生产供应农

---

① 《河北省供销合作总社保定专区办事处：生产工作的今后方针与第四季度任务报告（1952年11月4日）》，保定专署手工业局永久卷，档案号：30-1-3。

② 《河北省社保定专区办事处生产合作科1952年工业生产合作社检查总结（1953年2月3日）》，保定专署手工业局永久卷，档案号：30-1-5。

业工具，据不完全统计，1952 年供给农民镰刀 2 万多把，铁锨
1000 张，锄板 1000 多张，四齿镐 2000 把，铁叉 400 把，七寸步犁
5 张，另有其他零星生产工具一部，修理农具总值达 1.5 亿元（旧
币）。① 由于手工业生产合作社产品的售价一般低于市价，所以很
受当地群众欢迎。

二

1952 年冬至 1953 年春，在全国互助合作运动持续升温的情势
下，各地在组织合作社的过程中不同程度地出现了不顾客观条件、
要求过高过急的急躁冒进现象。为此，1953 年 3 月，中共中央发
布了一系列纠偏指示。4 月，中央农村工作部召开第一次全国农村
工作会议。邓子恢在总结报告中指出，当前的互助合作运动中存在
"自流" 和 "冒进" 两种错误偏向，在全国范围来说，急躁冒进是
主要偏向，强调采取积极稳妥的发展方针。

3 月 16 日，河北省供销合作总社保定专区办事处对此前的建
社工作进行检讨，承认因缺乏经验，"又无经过整顿，加以专区在
领导上不够"，有不少合作社 "存在着严重的问题"，主要表现在：
社员不交或少交股金、社内不能开展业务、民主制度不健全、生产
盲目、产品不合规格、社干部不纯等。因此，河北省供销合作总社
保定专区办事处要求各县对 1952 年建立的社进行一次彻底整顿，
如经过整顿仍不符合条件则将其降格划为合作小组或合作社筹委
会。同时强调，今后必须防止贪多求快的偏向，建社任务 "不只

---

① 《河北省供销合作总社保定专区办事处生产合作科 1952 年工作总结（1952 年 12
月 13 日）》，保定专署手工业局永久卷，档案号：30-1-4。

是完成社数，而且必须符合社章"。此外，合作小组或筹委会在转社时必须严格审查，"不能够人数就挂牌子"①。7月，根据中央和省、地委的指示，河北省供销合作总社保定专区办事处通知各县，决定停止手工业生产合作社的组织与发展工作，采取以整顿为主的方针。整社的中心任务是搞好生产和加强供销工作，提高产品规格质量，降低成本，提高生产，改善经营管理。在整社过程中，如发现有的社经过整顿也无法好转，经县研究后提出意见，报请专区审查，报省社批准后可以解散。②

为支持手工业生产合作社的正常经营，各地在整社中采取了一系列措施：

首先，要求国营企业与供销社通过加工订货开展业务，适当解决手工业生产社原料不足和销路不畅的问题。如高阳县延福村织布社，自1951年10月成立后一直靠领纱送布的老办法，即每疋布抽1000元（旧币）的手续费作为运送车力和干部工薪费用。由于工缴费与市场价格相差悬殊，社员相继离社跑市场或拿合作社的纱倒自己的买卖。1952年冬到1953年春，该社贷款盖了10间厂房准备集中生产，但由于社干部忙于跑市场而未果，厂房和设备未能充分利用。1953年7月，县联社决定对该社实行统一订货，保证了原料和销路，并将过去所得利润大部分返还给基社和社员，基社对社员则采取计件工资制，社员生产情绪提高。至1953年9月，该社发展到124名社员，98台机子，股金和入社费190万元（旧

---

① 《河北省供销合作总社保定专区办事处为整顿与组建工业生产合作社的补充指示（1953年3月16日）》，保定专署手工业局永久卷，档案号：30-3-2。
② 《河北省供销合作总社保定专区办事处为暂停工业生产合作社的发展，集中全力进行现有工业生产合作社的整顿工作的通知（1953年7月17日）》，保定专署手工业局永久卷，档案号：30-3-4。

币），前 9 个月产布 11951 疋，盈余 8000 余万元（旧币），集中生产部分的工具也为全社共有。①

其次，在银行贷款方面加大了优惠和支持力度。资料显示，河北省供销合作总社分配给保定专区手工业生产合作社的贷款指标，1952 年 10 月为 600 万元（旧币），12 月增加到 2.95 亿元（旧币，包括长期贷款 7600 万元）。② 1953 年一季度为 4 亿元（旧币）③，1953 年二季度增加到 6.2 亿元（旧币）④，三季度为 3 亿元（旧币）⑤。1953 年 3 月 18 日《河北省供销合作总社保定专区办事处为 1953 年二季度工业生产合作社贷款指标的通知》中明确规定：此项贷款的对象是基层手工业生产合作社，不合社章之生产小组不予贷放，因产品质量低劣而滞销大量积压者不贷；贷款期限最长 6 个月，利率按国营工业贷款优待 10%，主要用于原料供应、产品推销及生产上一切费用（不包括工资）。⑥

再次，初步划清了师徒、雇佣、劳资界限，解除了私营手工业的顾虑。据 1953 年保定市的手工业调查，由于当时对私营手工业中存在的劳资、雇佣、师徒等关系认识不清，人为扩大了资本家的

① 《河北高阳延福村织布生产合作社（1953 年 11 月）》，华北局联合档案长期卷，档案号：95-74-12。
② 《河北省供销合作总社保定专区办事处生产合作科 1952 年工作总结（1952 年 12 月 13 日）》，保定专署手工业局永久卷，档案号：30-1-4。
③ 第一季度贷款指标 4 亿元，包括 1952 年已贷出的 3.5 亿元。参见《河北省供销合作总社保定专区办事处、中国人民银行保定中心支行为分配 1953 年第一季工业生产合作社贷款联合指示（1953 年 3 月 26 日）》，保定专署手工业局永久卷，档案号：30-3-1。
④ 《河北省供销合作总社保定专区办事处为 1953 年二季度工业生产合作社贷款指标的通知（1953 年 3 月 18 日）》保定专署手工业局永久卷，档案号：30-3-3。
⑤ 《河北省供销合作总社保定专区办事处为下拨第三季度工业生产合作社短期贷款指标的通知（1953 年 8 月 5 日）》，保定专署手工业局永久卷，档案号：30-3-5。
⑥ 《河北省供销合作总社保定专区办事处为 1953 年二季度工业生产合作社贷款指标的通知（1953 年 3 月 18 日）》，保定专署手工业局永久卷，档案号：30-3-3。

范围，以致影响生产。有的手工业行户不愿增加工人和徒工，活忙了就招临时工；有的借口经营不好，要求解雇工人或要求组织合营，想尽各种办法摘掉"资本家"的帽子。根据上述情况，7月12日保定市召开手工业代表会议，明确了雇佣、师徒关系是劳动人民内部关系，小手工业者摘掉了资本家的帽子，解除了顾虑，提高了经营情绪。据铁业、木业、理发3个行业调查，基本扭转了过去不敢雇用的情况。[①]

据统计，至1953年底保定专区共有手工业29797户，生产人员40241人（不包括大布业），其中组织起生产合作社35个，社员1316名，股金25142万元（旧币）；另外，有生产社筹委会13个，生产人员227名。35个生产社中，有32个社采取集体生产方式，有30个基本上符合标准条件，只有5个较差。在财务工作上，使用新式账簿的有27个社，并能基本做到按时公布账目；但是由于普遍缺乏熟练的会计人员，还有些社的财务呈混乱现象。总之，经过一年来的发展与整顿，手工业生产合作社在组织发展、生产管理、业务经营等方面均有一定提升，做出了一定的成绩。全年订立各种合同311件，价值174164万元（旧币）；通过供销社供应给农民金属小型农具73358件，金属器具40947件，各种木器10581件，纸6260刀，袜子2521打，衣服52386件，帽子16200顶，布鞋4687双，鱼虾647200斤，面粉134100斤，总价值为1708940万元（旧币）。[②] 此外，上述产品的供应，均遵循了同等质量稍低

---

① 《中共保定市委关于私营手工业调查向省委的总结报告（1953年8月19日）》，华北局联合档案长期卷，档案号：95-63-12。

② 《河北省供销合作总社保定专区办事处生产合作科1953年工作总结（1954年1月20日）》，保定专署手工业局永久卷，档案号：30-3-14。

于市价的原则。

三

1953 年全国财经工作会议期间，毛泽东正式提出了党在过渡时期的总路线，即要在一个相当长的时期内，基本上实现国家工业化和对农业、手工业、资本主义工商业的社会主义改造。当年 12 月，中央宣传部发布总路线的学习和宣传提纲，全国很快掀起了学习总路线的热潮。12 月 4 日，朱德在第三次全国手工业生产合作会议上指出：实现对个体手工业的社会主义改造，是党在过渡时期总路线和总任务的重要组成部分，而组织手工业生产合作社是改造手工业个体经济，帮助他们过渡到社会主义"唯一的组织形式"①。12 月 8 日，刘少奇就手工业社会主义改造的诸多问题发表重要意见，初步提出了 1954 年手工业生产合作社的发展计划，要求社员比 1953 年增加 40%，生产总值增加 20%。②

为适应新形势，中央决定建立手工业专管机构。1953 年 12 月，刘少奇谈到手工业合作社的领导时，认为"政府有必要设专门机构"，并提出了一个"四位一体"的组织架构，即成立手工业劳动者协会和手工业生产联合社，再加上党委和政府的领导。③ 1954 年 6 月，中共中央指示：中央设立手工业管理局，省、市设手工业管理局或处，专区和县设手工业管理科或由工商科兼管。同

---

① 中共中央文献研究室编：《建国以来重要文献选编》第 4 册，中央文献出版社 2011 年版，第 551 页。

② 刘少奇：《关于手工业生产合作社问题（1953 年 12 月 8 日）》，《建国以来重要文献选编》第 4 册，中央文献出版社 2011 年版，第 559—564 页。

③ 刘少奇：《关于手工业生产合作社问题（1953 年 12 月 8 日）》，《建国以来重要文献选编》第 4 册，中央文献出版社 2011 年版，第 559—564 页。

时，各级党委和政府要帮助建立各级手工业生产联合社。7月，中华全国合作社联合总社正式改组为中华全国供销合作总社，手工业随即从中分离出来。同年11月，中央手工业管理局成立，直属国务院。① 12月，第四次全国手工业合作会议召开，选举成立了全国手工业生产合作社联合总社筹备委员会，并规定凡有5个以上的生产合作社的县（市）可成立县（市）生产联社，各省（市）应在1955年内联合县（区）联社成立省联社；省、县联社是手工业生产合作的业务领导和组织领导机构，其职责是按行业统筹兼顾，指导生产，组织调度供、销；省、县联社组织与编制，视业务大小由当地人民政府决定。②

根据以上精神，1954年2月15日，河北省供销总社、省工业生产联社联合发出关于迅速建立手工业生产联社的指示。3月中旬，保定专区手工业生产合作社联合社筹备委员会开始集体办公。5月27日，在河北省供销合作总社保定专区办事处生产合作科的基础上，正式成立保定专区手工业生产合作社联合社筹委会。③ 筹委会委员共9名，由省供销社保专办事处的6名干部及保定专区财委会、地委工业部、专署工商科的各1名干部组成。筹委会设正、

---

① 截至1954年底，全国有14个省（市）和60个省辖市建立了手工业生产合作社联合社（或筹备委员会），有12个省（市）建立了手工业管理局。

② 《中共中央关于批准中央手工业管理局、中华全国手工业生产合作社联合总社筹备委员会党组〈关于第四次全国手工业生产合作会议的报告〉的指示（1955年5月16日）》，中共中央文献研究室编：《建国以来重要文献选编》第6册，中央文献出版社2011年版，第189页。

③ 《河北省供销合作总社保定专区办事处关于建立专区工业生产合作社联合社筹备委员会组织的通知（1954年6月2日）》，保定专署手工业局永久卷，档案号：30-8-4；《河北省供销合作总社保定专区办事处、河北省保定专区手工业生产合作社联合社筹备委员会联合通知（1954年6月3日）》，保定专署手工业局永久卷，档案号：30-8-5。

副主任各 1 名，下设办公室、组导生产科、计统财会科、供销科①，各科室的干部本着精简的原则配备，有干部 26 名。筹委会建立后，生产合作科的名义即行撤销。筹委会不仅接受上级社的垂直领导，同时受当地党委的直接领导。

与此同时，各县的手工业专管机构也先后建立起来。3 月 17 日，中共保定地委向各县发出建立手工业联社筹委会的指示。到 3 月底，高阳、安新、固安、满城、涿县、涞水 6 县率先组建。4 月 28 日，河北省供销合作总社保定专区办事处再次指示：要求尚未建立联社筹委会的县于 5 月初建立起来，已经报批的县则应立即开始办公。同时规定：县手工业联社筹委会的干部编制，除高阳、固安、安新 3 县为 7—14 人外，其他各县一般为 3—5 人，设主任 1 人，财务兼统计 1 人，内勤 1 人，其余均为组业生产干部；筹委会委员一般为 5—7 人，以生产联社干部为基础（不少于 3 人）组成，适当抽调与手工业有直接关系部门（如县委、财委、供销社、基层重点社）的干部，设主任 1 人，其余为委员；筹委会的任务是研究分析当地手工业工作进展情况，掌握与贯彻执行方针政策，拟定和检查工作计划，以及解决工作中的主要问题等。② 至 1954 年底，保定专区共建立 16 个县级手工业联社筹委会，据不完全统

---

① 1954 年 11 月，将办公室改为秘书科，参见《河北省保定专区手工业生产合作社联合社筹备委员会各科启用新章的通知（1954 年 11 月 20 日）》，保定专署手工业局永久卷，档案号：30-8-11；1955 年 10 月，将供销科改为供销经理部，参见《河北省保定专区手工业生产合作社联合社筹备委员会为供销科改为供销经理部并启用新章和迁居的通知（1955 年 11 月 2 日）》，保定专署手工业局永久卷，档案号：30-10-9。

② 《河北省供销合作总社保定专区办事处为迅速建立县工业联社筹备委员会的指示（1954 年 4 月 28 日）》，保定专署手工业局永久卷，档案号：30-8-3。

计共配备干部 128 名。① 1955 年底，全专 22 个县有 14 个县成立起手工业联社，有 7 个县成立联社筹委会，只有 1 个县仍为生产合作科，专、县、基社手工业干部共计 1290 名。②

为部署 1954 年的改造任务，1 月 10—13 日保定地区手工业代表会议召开。杨培生专员作主题报告，阐明了手工业的发展前途和人民政府扶持手工业的方针政策；保定市织布业生产社、鞋业生产社和涞水县城关铁业生产社代表作典型发言，介绍了走合作化道路的经历和集体生产的好处。会末两天举行展览，现场签订合同 184 件，购销总值 102 亿元（旧币）。③ 这次会议，不仅宣传了国家支持手工业的方针政策，展示了组织起来的优越性，而且组织了地方货源，使手工业合作社与国营公司、供销社建立起业务关系，从而为个体手工业者社会主义改造做出了示范。会后，河北省供销合作总社保定专区办事处制定了 1954 年度的手工业改造计划：全专到年底发展生产合作社 121 个，社员 6718 名，再发展供销生产社和生产小组社（组）员 10229 名。同时，将与农业生产有密切关系的铁木业作为重点发展行业，将手工业相对集中的高阳、安新、固安作为全区重点发展县。④ 据截至 4 月底的统计，全专区建立生产合作组织 165 个，社（组）员 5887 名，其中生产合作社 72 个，社员 2892 名；供销生产社 12 个，社员 2132 名；供销生产小组 81

① 《河北省保定专区手工业生产合作社联合社筹备委员会 1954 年工作总结（1955 年 1 月 18 日）》，保定专署手工业局永久卷，档案号：30-8-23。

② 《河北省手工业生产合作社联合社保定专区办事处 1955 年工作总结（1956 年 1 月 25 日）》，保定专署手工业局永久卷，档案号：30-10-23。

③ 《保定地区手工业代表会议总结（1954 年 1 月 23 日）》，华北局联合档案长期卷，档案号：95-77-5。

④ 《保定地委工业部关于 1954 年第一季度手工业工作向地委及省委的报告（1954 年 4 月 26 日）》，华北局联合档案长期卷，档案号：95-77-6。

个，组员 863 名。[①]

手工业社会主义改造普遍铺开以后，如何确定改造对象（即手工业生产合作社的组织对象）成为一个亟须解决的关键问题。根据 1952 年 8 月第二次全国手工业生产合作会议精神，"手工业生产合作社的组织对象是城市和农村中的手工业工人、半手工业工人、小手工业者和家庭副业劳动者"[②]；1953 年 12 月 8 日，刘少奇在《关于手工业生产合作社问题》中指出：手工业生产合作社的组织对象包括手工业工人、手工业独立劳动者、家庭手工业者。可见，当时确定的手工业改造的主要对象是城乡手工业工人、个体手工业者和家庭手工业者，工业资本家则被明确排除在外。1954 年初，保定地区有关部门组织力量对手工业展开调查摸底和阶级划分。根据保定市的调查，全市要求组织起来的共有 20 个行业的 94 户、898 人。[③] 大致有三种情况：第一种是"真正愿意组织起来的"，主要是手工业工人和独立手工业者。第二种是"口头上要求组织而实际上不愿意或要求参加但动机不纯的"，主要是手工业资本家或剥削成分较大的独立手工业者，和一部分劳动纪律不好或成分不纯的手工业工人。他们要求组织起来是"伪装进步积极"，实际上"别有用心"。第三种是"不愿意组织起来的"，主要是生产资金较大、产销无大的困难或是连家铺的手工业者。据了解，不愿意组织的原因，一是对组织起来"抱观望态度，想看看再说"；二

---

① 《河北省保定专区手工业生产社当前工作情况总结上的报告（1954 年 5 月）》，保定专署手工业局永久卷，档案号：30-8-15。

② 孟用潜：《组织与发展手工业生产合作社过程中的若干问题》，《中央合作通讯》1952 年第 10 期。

③ 《中共保定市委关于省委召开手工业工作会议后具体执行情况向省委的简要报告（1954 年 2 月 20 日）》，华北局联合档案长期卷，档案号：95-75-10。

是"资本主义的自发实力作怪"，害怕组织起来"受限制，不自由，赚钱少"。

在确定改造对象时，怎样区别手工业劳动者与手工业资本家的界限是一个非常重要的问题。根据 1950 年 8 月政务院公布的《关于划分农村阶级成分的决定》，小手工业者和手工业资本家的主要区别在于，前者"只雇用辅助自己劳动的助手和学徒"，而后者"雇用工人和学徒则不是为了辅助自己劳动，而是为了获得利润。"① 关于雇用人数，据 1953 年 12 月中共中央批转的国家计委《关于工农业总产值分类和计算方法中几个问题的请示报告》："个体手工业系指业主和主要家庭成员参加主要劳动，不雇用工人与学徒，或虽雇用而不超过 3 人的小商品生产者。雇用工人与学徒超过 3 人者，一般应视为工场手工业。"②

然而，各地在进行手工业阶级划分时，由于对划分标准的理解和执行中存在一定偏差，导致有的地方发生了人为扩大手工业资本家范围的现象。③ 因此，1954 年 3 月 6 日保定市手工业工作会议上，市委副书记专门就此作出解释。他说："区别手工业劳动者与手工业资本家的界限，主要应以其本人是否担负生产过程中主要的技术性劳动，以及其所雇用的工人是否为辅助或合伙性质作为判定标准，而不能机械地以雇用人数为标准。比如手工业主本人担负主

---

① 中共中央文献研究室：《建国以来重要文献选编》第一册，中央文献出版社 2011 年版，第 351—352 页。

② 国家统计局法规制度司：《统计制度方法文件选编（1950—1987）》，中国统计出版社 1988 年版，第 30 页。

③ 据 1954 年保定市手工业阶级划分的调查统计，全市属于手工业资本家性质的作坊和工场 175 户，占手工业总户数的 14.43%，从业人员 1743 人，占总人数的 39.53%；个体手工业者 1038 户，占 85.57%。参见《中共保定市委关于上半年对手工业改造工作向省委的总结报告（1954 年 7 月 20 日）》，华北局联合档案长期卷，档案号：95-75-15。

要技术劳动，所雇用的工人学徒又是生产过程中必要的助手或搭股分红的伙计，即使雇用超过 3 人也应划为手工业劳动者。反之，有的手工业主无技术不劳动或不参加主要技术性劳动，本人同雇工也非劳动互助关系或伙计分红关系，其雇用工人是为了剥削剩余价值获得利润，即使雇用工人不超过 3 人，也得划为手工业资本家。但特殊情况例外，如某些业主因年老多病或其他原因丧失劳动力，不能参加主要劳动，而且生活并不富裕，仍得以小手工业者看待。"①

基于以上认识，在保定地区手工业社会主义改造实践中，采取了既坚持原则又相对灵活的办法。1954 年 2 月，中共保定市委关于手工业社会主义改造计划中规定：手工业组织起来的对象包括手工业工人、独立手工业者和家庭手工业。但是，该计划同时作了以下规定：对手工业资本家及其工人原则上要走国家资本主义道路；目前改造的重点是独立手工业者和家庭手工业者。但是，如果手工业工人要求入社，要根据不同情况分别处理：如该户生产有利于国计民生，资本家有不少资金和较健全的生产设备，有条件走国家资本主义道路者，对手工业工人应讲清道理婉言劝阻；如该户资本家生产不景气，又没多少资金与生产设备，对工人剥削很大，工人坚决要求入社时可允许入社。独立手工业者的联营组织，在自愿条件下可改组为合作社，对其中极少数的手工业资本家，如有技术又愿意放弃剥削参加劳动可允许入社；如手工业联营中大部分为手工业资本家，对其中的独立手工业者要欢迎入社。②

---

① 《曹洪涛同志在保定市手工业工作会议上的结论报告摘要（1954 年 3 月 6 日）》，华北局联合档案长期卷，档案号：95-75-11。

② 《中共保定市委关于 1954 年对手工业进行社会主义改造的计划（1954 年 2 月 13 日）》，华北局联合档案长期卷，档案号：95-75-9。

虽然有上述规定，但在具体执行中仍然出现了一些问题。有些县的手工业部门存在组织面过宽的偏向，如涞水县试图把全县所有的木匠都组成手工业社，蠡县对窑业和柳编业的组织也有类似情况。更为严重的是，在社会主义改造中发生了农业社与手工业社争夺社员的情况，即农业社愿意把手工业者留在社内，或从手工业社内把手工业者拉回去搞副业，不愿让手工业者组织合作社，而大量亦工亦农家庭手工业的存在无疑增加了问题的复杂性。有的农业社甚至用了不少办法来限制手工业者参加手工业社，如曲阳城西村农业社向该县城关铁业社的社员家属说："如果参加手工业社，每人要向农业社投资 140 元。"结果使铁业社 1 名老社员退了社；容城县河照村农业社 1 名社员要求入窑业社，农业社长声称 3 年不让回村；定县有 89 个乡的农业社组织起烘炉 141 盘，比手工业社的烘炉还多，共有铁匠 397 人，其中大部分是原手工业社社员，这样就排挤了手工业社的生产，手工业社的人数逐日下降。[1]

为解决上述问题，有的地方办起了大型混合社，如 1954 年 11 月成立的安新县安州镇混合社，由 1 个席业供销生产社与 3 个农业生产社混合组成，共有社员 1749 名。这个社成立后，"深受社员欢迎，现已震动全县，各地农民要求混合"。在 1954 年底第四次全国手工业生产合作会议上，混合社得到了承认并在本次会议报告中建议，在手工业较集中、农业兼营商品性手工业、农户收入以手工业为主要来源的地区可以组织手工业和农业的混合社，并以手工业联社领导为主。但是，由于混合社在公共财产的使用以及办公经

---

[1] 《中共河北省手工业生产合作社联合社保定专区办事处党组关于几项主要工作的检查和今后意见的报告（1956 年 5 月 2 日）》，保定专署手工业局永久卷，档案号：30-12-3。

费的摊领等方面存在不合理之处，往往造成农业社与混合社的关系紧张。①

四

1955 年下半年，因浙江"砍社"事件引发了一场党内对邓子恢"小脚女人"的右倾机会主义的批判，农业合作化运动转入急剧发展阶段。为适应合作化普遍高涨的形势，根据《河北省手工业生产合作社联合社章程》规定，1956 年 1 月保定专区手工业生产合作社联合社筹备委员会改组为河北省手工业生产合作社联合社保定专区办事处。② 办事处基本沿用原筹委会的机构设置，仍设二科一部一室，即组导生产科、计财科、办公室和供销经理部，共有干部 39 名。③

1956 年 1 月，河北省手工业生产合作社联合社保定专区办事处召开全区县社主任会议，着重检查了手工业社会主义改造的进度问题，对"普遍存在的右倾保守主义思想"进行了批判，并制定了加速社会主义改造的办法。据此次会议上的统计，1 月上旬和中旬全专 22 县共有 5827 名手工业者参加合作组织，相当于 1955 年

---

① 《河北省保定专区手工业生产合作社联合社筹备委员会关于安新县安州镇席、农业混合社的检查报告（1954 年 12 月 12 日）》，保定专署手工业局永久卷，档案号：30-8-20。

② 《河北省保定专区手工业生产合作社联合社筹备委员会通知（1956 年 1 月 20 日）》，保定专署手工业局永久卷，档案号：30-13-4-1。

③ 到 1957 年底专社办事处机构编制 120 人，实有 70 多人，设有组导、生产、计统、财务基建、秘书室、经理部，共四科一室一部，主要担负组织、领导生产及整顿巩固提高手工业合作社（组）的工作。另外，对于少数始终没有组织起来的个体手工业，则由保定专员公署下设的工商科负责管理。《河北省手工业联社保定专区办事处、河北省保定专员公署手工业管理局关于专区手工业组织机构的演变情况和设置意见（1963 年 2 月 5 日）》，保定专署手工业局永久卷，档案号：30-45-1。

全年入社人员总数的 1.85 倍。其中，蠡县、安国 2 县以及其他县的县城已经基本上完成了手工业合作化。即便如此，与农业社会主义改造的进度相比，还是"很远很远地落在后边了"，这种情况"与广大手工业者普遍要求本身社会主义改造的热情也是很不适应的"。因此，会议要求各地必须彻底改变过去一组一社和一家一户零敲碎打的建社方法，"据目前看，不仅一家一户的组织方法不适时了，而且按行业分期分批的发展方法也有些落后了"；同时，会议认为应将组织力量从县城转向集镇和乡村，"一般地应采取以区为单位，以集镇为中心，同时发动、同时审核、同时批准、同时建社"的方法。在组织形式上，因为乡村和集镇手工业工具简单、家底小，容易接受高级社的形式，所以"一般地都应直接组织高级社"。为迎接手工业合作化的高潮，各级党政领导"必须以非常紧张的姿态行动起来，对组织和发展工作抽配充足的力量，把可能抽调的人员尽可能多地配到组织发展中来，其他部门工作如会计统计副业等，一般地都往后拖一下，腾出半月左右的时间来完成合作化"。要求实现全专手工业高级社合作化，最晚不迟于 4 月份，有条件的还要尽量提前。[1]

在上述形势下，保定专区手工业合作化得到迅速发展。截至 1956 年 5 月底，全专共建立社（组）671 个，社组员发展到 35575 人。[2] 至此，实现了全专手工业的合作化。截至 1956 年底统计，全专共有手工业合作社（组）617 个，其中有生产合作社 375 个；

---

① 《河北省手工业生产合作社联合社保定专区办事处关于县社主任会议上的结论（1956 年 1 月）》，保定专署手工业局永久卷，档案号：30-13-14。

② 《河北省手工业生产合作社联合社保定专区办事处关于保定专区手工业社会主义改造的情况、存在的问题和解决意见（1956 年 6 月 5 日）》，保定专署手工业局永久卷，档案号：30-13-11。

全部职工共有 21435 人，其中有社组员 16310 人。为支持农业生产，全专还建立了 22 个中心修配站，120 个分站，195 个流动修配小组，参加修配人员 3336 名。①

以疾风骤雨之势迅速完成的手工业社会主义改造必然存在一些错误和问题，这一点在当时也有充分认识。陈云在 1956 年 9 月中国共产党第八次全国代表大会上的发言中，明确指出：在农业、手工业、资本主义工商业的社会主义改造高潮中，由于形势发展太快，具体的组织指导工作不容易完全跟上，因而产生了一些错误。如在手工业合作化过程中，"过多地实行了合并和统一计算盈亏，而这是不利于手工业的经营的"。因此，造成一部分手工业产品相比于自营时发生了质量下降、品种减少的现象；一部分服务性的手工业在合并经营的条件下，对于居民和手工业者自己都发生了许多不便。为了有效地纠正上述错误，陈云认为工业、手工业、农业副产品和商业的很大一部分必须分散生产、分散经营，纠正盲目的集中生产和经营的现象。为了克服由于盲目合并、盲目实行统一计算盈亏而来的产品单纯化、服务质量下降的缺点，必须把许多大合作社改变为小合作社，由全社统一计算盈亏改变为各合作小组成各户自负盈亏。②

在完成手工业社会主义改造后，保定地区随即进行了手工业社（组）的整顿，突出解决了组织改造面过宽和盲目集中办大社的问题。根据当地党委指示，将一些农兼副业和商品性较差、技术性较

---

① 《河北省手工业生产联社保定专区办事处关于 1956 年手工业生产合作组织统计年报的分析说明（1957 年 4 月 19 日）》，保定专署手工业局永久卷，档案号：30-15-1。

② 陈云：《社会主义改造基本完成以后的新问题（1956 年 9 月 20 日）》，中共中央文献研究室编：《建国以来重要文献选编》第 9 册，中央文献出版社 2011 年版，第 274—287 页。

低的行业移交给农业社或成为跨社社员。据统计，保定全专区移交给农业的社员共 20700 名，其中有 15914 名是安新席业社员。对社（组）的规模，本着有利生产、便利群众的原则进行了适当分散，由统一核算改为各计盈亏。据 1956 年 5 月统计，全专 50—100 人的社有 57 个，100—300 人的社有 21 个，300 人以上的社有 23 个。经过整顿，到年底据 20 个县的统计，50—100 人的有 73 个，100—150 人的 16 个，200 人以上的社只剩 1 个，其余均在 50 人以下，社（组）规模明显缩小。① 1957 年，继续调整手工业社（组）的组织规模，把 11 个大宗服务性行业的大社由集中生产改为分散加工；又将多种行业并存的 60 个混合社，其中 24 个按行业划开，其余 36 个虽然保持统一领导，也改为分别计算盈亏。这样，截至 1957 年底，全区有 550 个手工业社（组），社（组）员 14158 人。②

A study on the socialist transformation of handicraft industry in Baoding 1950s

Fan Xiaodong

Abstract：after the founding ceremony of the People's Republic of China, the handicraft industry in urban and rural areas has been rapidly recovered and developed. Since 1951, the Baoding Special Administrative Region has been the first to pilot handicraft production cooperatives in

---

① 《河北省手工业生产联社保定专区办事处 1956 年工作总结（1957 年 2 月 12 日）》，保定专署手工业局永久卷，档案号：30-13-13。

② 《河北省保定专员公署地方工业局 1957 年手工业工作总结（1958 年 2 月 23 日）》，保定专署手工业局永久卷，档案号：30-16-1。

areas and industries with a foundation for development, such as the weaving industry in Gaoyang, Qingyuan and Anxin, as well as the iron industry in Guan County. However, compared with the rapid development of agricultural mutual aid and cooperation movement in the same period, the work of handicraft associations before 1953 has not made much progress. After the general line of the transitional period was put forward, the central and local authorities set up special agencies for handicrafts, and the pace of socialist transformation-LRB-cooperative was obviously accelerated. In the practice of socialist transformation of handicraft industry in Baoding, there have been some rash and rash phenomena, and a series of adjustment measures have been taken during and after the transformation.

Keywords: Baoding region; handicrafts; socialist transformation

河北区域变迁考略

张 静①

摘要："河北"一词最初为地理概念，后历经近千年的发展与演变，成为中国省级政区的名称。考察河北区域的历史演变，有助于深入了解该区域的疆域变化与政区演化，对河北省的历史地理文化发展有重要意义，亦可为推动京津冀协同发展提供相关的历史借鉴。

关键词：河北 省域 行政区划 地理

河北历史悠久，是中华民族和华夏文明的重要发祥地之一，古代中国的核心区域之一。作为中国的重要区域，河北不仅地理位置重要，自然资源丰富，而且军政地位突出，历经元、明、清，至近现代更成为中国的腹心地区，对中国疆域的统一与中华文明的形成，具有举足轻重的作用。

"河北"一词由来已久，在历史文献中出现的频率很高，最初为地理概念，泛指黄河以北地区，后历经近千年的发展与演变，成为中国省级政区的名称。历史上，河北的行政归属历经多次调整，地域范围也随之变化，从唐代的河北道到宋代的河北路至元代的中

_____

① 张静，历史学博士，河北省社会科学院历史研究所副研究员。

书省、明代的北直隶到清代的直隶省，再到民国时期的河北省至今天的河北省。当前，河北省成为京津冀协同发展的重要一极。考察河北区域的历史演变，有助于深入了解该区域的疆域变化与政区演化，对河北历史地理文化的发展有重要意义，亦可为推动京津冀协同发展提供相关的历史借鉴。本文主要从河北的概念渊源与河北的疆域变迁、政区演化两个维度对河北区域变迁过程做逐一梳理，在此基础上探讨河北区域变迁的意义。

一、"河北"的概念渊源及流变

"河北"一词最初为地理概念，泛指黄河以北地区，后来逐渐发展成为行政区域。"河北"一词在历史文献中频繁出现，要了解"河北"的词源蕴含，首先要弄清"河"字的含义。"河"，本义专指黄河。黄河，古称"河""河水"或"大河"。《说文解字·水部》："河，河水。出敦煌塞外昆仑山，发原注海。"① 黄河水域辽阔，是中国北方最大的河流，故又称"大河"。《史记·吴起列传》记载："殷纣之国，左孟门，右太行，常山在其北，大河经其南。"② 《尔雅·释水》云："河出昆仑虚，色白。所渠并千七百，一川色黄。百里一小曲，千里一曲一直。"③ 黄河之水多泥沙而色黄，后世因此称其为"黄河"。《汉书》有"使黄河如带，泰山若厉"④ 之语，但并未广泛使用，直到唐宋时期，"黄河"一名才被广泛使用，成为这条大河的固定名称。"河北"一词中的"河"，

---

① 许慎：《说文解字》，九州出版社 2001 年版，第 624 页。
② 《史记》卷 65《吴起列传》，中华书局 1959 年版，第 2166—2167 页。
③ 胡奇光，方环海撰《尔雅译注》，上海古籍出版社 1999 年版，第 278 页。
④ 《汉书》卷 16《高惠高后文功臣表四》，团结出版社 1996 年版，第 66 页。

指的即为"黄河"，"河北"的字面含义即黄河以北。"河北"一词最早即以地名见诸史籍之中。《尔雅·释丘》："天下有名丘五，三在河南，其二在河北。"①《战国策·赵策三》则有"赵有河北，齐有河东"②的记载。这些文献中的"河北"，都是指黄河以北地区。河流、山脉是古代区域认知和划分的重要依据，"河北"最早也主要是以河流为核心的地理认知，是以山水方位命名的一个地理概念，是个约定俗成的称谓，泛指黄河以北地区，即古冀州③的范围，包括今山西、河北西北部、河南北部、辽宁西部等广大区域。此时，河北还只是一个自然区名。《史记·正义》曰："古帝王之都多在河东、河北，故呼河北为河内，河南为河外。"④这说明：河北不仅地理位置重要，而且政治地位重要；不仅很早就有人类活动，而且常常成为古代帝都的核心区域。

二、河北疆域变迁与政区演变

"河北"作为地名从先秦一直沿用至今，所指区域也在不断变迁，并逐渐从最初的自然区域发展成为地方最高一级行政区域。

政区是随着中央集权国家的出现而产生的。秦统一中国，分天下为三十六郡，此后从秦汉到元初，我国最高一级政区主要是"郡""州""道""路"四种。"郡"从先秦到东汉一直是王朝最

---

① 胡奇光、方环海撰：《尔雅译注》，上海古籍出版社1999年版，第250页。
② 《战国策》卷20，齐鲁书社2005年版，第213页。
③ 《尚书·禹贡》记载，大禹分天下为九州，即冀、兖、青、徐、扬、荆、豫、梁、雍，冀州位列九州之首；《尔雅》按殷制，称九州为冀、幽、兖、营、徐、扬、荆、豫、雍，分冀为冀、幽两州；《周礼》按周制，称九州为冀、幽、并、兖、青、扬、荆、豫、雍，分冀为冀、幽、并三州。
④ 《史记》卷44《魏世家》，中华书局1959年版，第637页。

高一级政区。东汉时期，"州"由监察区变为国家一级政区，而"河北"一词在地理概念的基础上，有了军事辖区的含义。东汉末年版，朝廷遣使或命将为督军，从督诸郡到督数州诸军事，成为中央派驻地方的最高军事长官，其所统辖的区域称为都督区，即军事辖区（简称军区）。《三国志·魏书·荀彧传》记载，建安九年（204年），"彧兄衍以监军校尉守邺，都督河北事"①。是说，曹操让荀彧的兄长荀衍为监军校尉，督摄河北辖区内诸军。这是"河北"作为军事辖区见于史籍的最早记载。由于战乱频繁、诸侯割据，很多军事辖区名为中央统属，实为地方割据势力，如公孙瓒、袁绍曾被授命督六州或四州诸军事。《后汉书·袁绍列传》记建安二年版，"拜绍大将军……兼督冀、青、幽、并四州"②。袁绍名为督军，实则割据一方的霸主。后世常指的"河北袁绍"，所说的"河北"大致就是指袁绍所统辖的区域，有军区的性质。魏晋时期，都督区作为军事辖区逐渐趋于稳定。曹魏常设有六大都督军区③，河北为六大军区之一，统辖冀、幽、并州，其治所信都（今河北冀州），为冀州府治。

北魏初，设行台，行台一般因事而设，事罢即撤，为中央尚书省派驻地方的临时机构，后逐渐发展成为具有军、民兼治之权的地方常设机构。行台长官为行台尚书令，总揽区内军政事务，地方官都受其节制，职权颇重。《北齐书》所载："永安末，兰根为河北

---

① 《三国志》卷10《魏书·荀彧传》，上海古籍出版社2011年版，第281页。
② 《后汉书》卷74《袁绍列传》，中华书局2009年版，第804页。
③ 六大都督区包括：河北、扬州、青徐、荆州、豫州、雍凉。东汉末年，军阀割据，其中袁绍占河北，袁术占扬州，吕布、臧霸据青徐，刘表据荆州，刘备在豫州，韩遂、马腾在雍凉。曹魏时期，这些军阀割据区遂设为都督军区。

行台。"① 是说，北魏永安末年（528—530 年），兰根（北魏至北齐名臣）为河北行台尚书令。这是目前所见河北作为行台区的最早记载，说明至迟在北魏时期河北行台区已经出现。当然，此时的河北行台并不稳定。隋初，朝廷因战争与军事所需，曾设河北道行台，称河北道行台尚书省。《隋书》载，开皇二年（582 年），"置河北道行台尚书省于并州（今山西、河北部分地区），以晋王广为尚书令"②。晋王杨广即后来的隋炀帝。当时的河北道行台区地域辽阔，不仅包括今河北省大部，还包括山西省的部分地区。隋代的河北行台区最初为临时设置的军事机构，以军事为主，兼具政区职能，虽然不是严格意义上的政区，但已具政区雏形。

　　唐贞观元年（627 年）二月，唐太宗以民少吏多，下诏"大加并省"，按山川地形，将全国划分为十道，河北道为其中之一，辖境在黄河之北，故名。此时，河北道还不是真正意义上的行政区，而只是监察区。根据《旧唐书·地理志》记载，贞观十三年（639 年），河北道所属三十州，一百六十县，地域广大。③ 至唐开元二十一年（733 年），朝廷"分天下为十五道"④。此时的河北道东濒渤海，南临黄河，西距太行、常山，北通渝关、蓟门，领怀、魏、邢、洺、冀、沧、德等二十四州和安东督护府，为今河南、山东黄河以北及河北大部地区，也包括东北地区的广大区域，治所在魏州（今河北大名）⑤，成为正式的行政区，其所辖区域较之此前人们习

---

① 《北齐书》卷23，《魏兰根传》，中华书局 1995 年版，第 178 页。
② 《隋书》卷1，《高祖本纪》上，中华书局 1982 年版，第 16 页。
③ 河北省社会科学院地方史编写组：《河北简史》，河北人民出版社 1990 年版，第 193 页。
④ 《旧唐书》卷38，《地理志一》，中华书局 1975 年版，第 1385 页。
⑤ 刘思智著：《展子虔略考》，山东人民出版社 2015 年版，第 41 页。

惯称谓的"河北"区域范围大出很多。

唐代以后，河北作为政区的名称和地理范围基本趋于稳定。宋代设置河北路，后分为河北东、西路。元、明两代河北由中央政府直接管辖。在元代，河北包括京城大都（北京）及其附近各路、府、州在内的区域，称为"腹里"，由中书省统辖。明初废除元代的中书省，改"腹里"为直隶①，仍由中央直辖管理，作为中央的特别辖区，成为一级地方行政区。

满清入关定都北京后，统治者将直隶地区划分为省，改南直隶为江南省，北直隶为直隶省，以便于统辖管理。《清史稿》地理志记载："直隶：禹贡冀、兖二州之域。明为北京，置北平布政使司、万全都指挥使司。清顺治初，定鼎京师，为直隶省。"直隶省这个名称，一直沿用到民国初年。

民国十七年（1928年），国民政府迁都南京后，致力于行政区域名称之厘正，因迁都南京，直隶省名不副实，遂将直隶省改为河北省，原京兆特别区所属20县划归河北省。有关直隶省改名河北省的经过如下：

1928年6月8日，国民政府第七十次委员会议，对直隶省及京兆区名称之改定及区域之划分一案，决议："交内政部拟议具复。"内政部奉交后，国民政府内部部长薛笃弼拟定3种办法，即"甲将直隶京兆两省区之旧辖区域，合并为一，改名朔方省或冀北省……乙直隶京兆两省区之区域仍旧，将直隶省改为河朔省，京兆区改为北平区……丙将直隶原有之口北道属十县，及旧永遵属十

① 明初定都南京，后明成祖朱棣于永乐年间迁都北京，此后一直实行两京（北京、南京）制度。南、北直隶的正式名称均为直隶，一直隶南京，一直隶京师，所以有时为区分起见又分称南、北直隶，简称为北直或南直。河北即为北直隶。

县，划归旧京兆区，改名北平省。并将其余之区域，改名河朔省。"① 并分别阐述了更名的理由：一是认为，直隶"其地适当古之朔方，故拟改名为朔方省或冀北省"。二是认为，"直隶位于黄河之北，历代均名河朔，似以易名河朔省为宜。"②

薛笃弼拟订的这一提案，呈复国民政府转送到国民党中央政治会议审核。1928 年 6 月 20 日，国民党中央政治会议第一四五次会议讨论并决议："一、直隶省改名河北省。二、旧京兆区各县并入河北省。三、北京改名北平。四、北平、天津为特别市。"③ 6 月 28 日，国民政府向各省政府、特别市政府及直辖各机关发布有关直隶省改河北省的令。最终，直隶省改名为河北省，沿用了最古老的，且反映地理位置特征的名称。此后，"河北"作为省级政区的名称没有再发生变化，一直沿用至今。

三、河北变迁之意义

"河北"作为地名从先秦一直沿用至今，虽然所指范围历经变迁，但其基本含义都是指黄河以北。"河北"一词，从最初的地理概念逐步发展成为省级政区，在这个千年演变过程中，词义的变化即与当时中国的政治、军事、文化等密切相关。黄河作为中国的母亲河，孕育了中华文明，河北作为黄河以北的广大地区，有着利于人类生存与发展的自然地理环境，这片区域是人类文明的发源地之一。因为地理位置的重要，河北在军事上的作用逐步显现出来，其

---

① 内政部年鉴编纂委员会编纂：《内政年鉴》（第一辑），商务印书馆 1935 年版，第 46 页。
② 内政部年鉴编纂委员会编纂：《内政年鉴》（第一辑），第 46 页。
③ 潘鸣：《1928 年国民政府设立北平特别市的历史考察》，《河北广播电视大学学报》2021 年第 6 期，第 11 页。

词义指代也逐渐具有了军事含义。后来，因为军事上的重要，加之政治中心的北移，历代统治者对河北的重视程度逐渐加强，该区域不但成为一级政区，更在很长的一段时间内成为中央的直辖区。不管是作为军区的河北，还是作为政区的河北，一直以来，"河北"作为人们对黄河下游以北广大地区的一种习惯称谓，这一含义长期存在。如，《淮南子·齐俗训》："道德之论，譬犹日月也。江南河北，不能易其指；驰骛千里，不能易其处。"① 又如，北宋王安石所作《河北民》："河北民，生近二边长苦辛。家家养子学耕织，输与官家事夷狄。今年大旱千里赤，州县仍催给河役。老小相依来就南，南人丰年自无食。悲愁天地白日昏，路旁过者无颜色。汝生不及贞观中，斗粟数钱无兵戎！"② 这里的"河北"仍是泛指黄河以北地区。清末时期，"河北"一词也多见诸奏折之中，如《御史王步瀛奏请饬直隶山西山东河南陕西合办河北实业学堂折》③，这里所说的"河北"范围更大，是指濒黄河以北诸行省。民国十年（1921 年），直隶军阀曹锟组建直隶省第一所综合性大学，称为河北大学（这所河北大学现为河北农业大学，与当代的河北大学不同）。众所周知，直隶省在 1928 年才改为河北省，曹锟在 1921 年即建立河北大学，当时曹锟为直鲁豫巡阅使，其势力范围主要集中在黄河以北地区，曹锟所建的河北大学应该包含更为广泛的含义，已经超出了直隶省的范畴，这里的河北与曹锟的直鲁豫巡阅使身份更为接近，表明曹锟希望建立一所包含广泛的、涵盖黄河以北地区

---

① 沈雁冰选注：《民国国学文库·淮南子》，崇文书局 2014 年版，第 60 页。

② 匡扶：《两宋诗词选》，新疆人民出版社 1983 年版，第 45 页。

③ 《御史王步瀛奏请饬直隶山西山东河南陕西合办河北实业学堂折》，琚鑫圭等编《中国近代教育史资料汇编实业教育师范教育》，上海教育出版社 1994 年版，第 79 页。

各省在内的综合性大学，这也从一个侧面反映了曹锟试图称霸北方的意图，而事实上，曹锟很快即筹划竞选民国总统，此时建立一所涵盖黄河以北地区的综合大学的野心也就不足为奇了。

历史上的"河北"曾代表不同的地理坐标，除"黄河以北"这一空间范畴外，在不同的时段，还有着更为深刻的内涵。通过梳理河北区域变迁的历史过程可以大致发现：该区域范围在历史上的变迁及其治所的迁徙，与北方政权中心或者说是国都的从西向东北移动的轨迹相耦合，如隋初国都在洛阳，河北行台的治所在并州（太原），北宋都城在开封，河北路的治所即迁至大名府，元明清北京成为国都，清代河北行政区（直隶省）的治所则从大名到真定在到保定，逐步北移，其捍卫都城的作用尤为明显。同时，河北疆域的变化过程与历史上几次黄河大的改道亦有重要影响，这些问题都值得关注并作进一步考证研究。

A brief study of "Hebei"

Zhang Jing

Abstract：The word "Hebei" was originally a geographical concept, and after nearly a thousand years of development and evolution, it has become the name of China's provincial administrative regions. An investigation of the historical evolution of "Hebei" is of great significance to the development of the historical geography and Culture of Hebei Province, it can also provide relevant historical reference for promoting the coordinated development of Beijing, Tianjin and Hebei.

Key Words：Hebei; Provincial territory; The administrative area; Geography

清代八旗驻防视域下的旗、民流动

——以北京地区为中心的考察

曹昊哲①

摘要： 清代旗、民人口流动的变迁实质上反映了这一时期旗人与民人在八旗制度管控下的族群关系。入关之初，清朝当局在空间上将北京地区的旗、民分隔开来，一方面减少旗、民冲突的发生，另一方面又能防止旗人渐染汉俗，保持其"国语骑射"的传统。随着清朝国家财政的恶化和社会环境的改变，旗人贫困化日益严重，八旗制度开始衰落，八旗驻防体系在战争中遭到了破坏，外国势力也开始介入渗透，导致清朝当局对旗人群体的管控逐渐削弱，北京内城的旗人陆续迁离，民人不断进入，旗、民分治体系以及旗、民居住结构发生了彻底的变化，旗人群体从清初的统治阶层逐渐沦落为清代社会的边缘群体。

关键词： 八旗驻防　旗民流动　北京

八旗制度是清前期最重要的政治军事制度之一，清代被纳入八旗管理体制的人丁被称为旗人。旗人拥有旗籍，其户籍在地方上不归州府管理，而归所在的八旗组织统一管理。与之相对应的没有旗

---

① 曹昊哲，历史学博士，河北省社会科学院历史研究所助理研究员。

籍的人丁被称为民人。清前期，清政府在旗民分治的政策下为了便
于管理，在全国一些地区设立了旗人的聚集区，并在空间上将旗人
与民人隔离开来，限制旗民的交往。然而随着社会环境的变化，八
旗制度不断衰落，旗人和民人之间的人口流动开始加剧，对旗、民
之间的限制也逐渐被打破。

一、清初北京地区的旗人分布

八旗驻防体制是清代的八旗制度在军事驻防方面的一个重要体
现。清朝是北方少数民族入主中原所建立的王朝。入关之初，清朝
面对的政治军事局面就极为复杂。除了张献忠、李自成等农民军以
外，还有南明的几个小朝廷以及大批不愿意屈服于清朝统治的流民
和士兵。"在民族矛盾如此尖锐的情况下，满洲统治者可以依靠的
只有由自己本民族武装起来的八旗劲旅，如何依靠它来维持清朝在
一个如此辽阔、如此复杂的国土上的统治者是个生死攸关的大问
题"①，因此，清前期统治者对于八旗驻防十分重视。

与此同时，清朝当局在构建八旗驻防的过程中为了减少旗、民
的对立情绪，确立了旗民分治的政策，"使满洲人自占一方"②，尽
量减少旗民之间的接触。为此，清朝当局通过专门设立旗人的聚集
区（官方有"满城""满营""旗营"等称谓），在空间上将旗人
与民人隔离起来，尽量限制二者之间的往来。在北京地区，清军定
都燕京不久，就将北京城的内城划为八旗驻防的区域，将内城的百
姓赶往南城。这样，北京城区在旗民分治的政策下实际被分为以民

---

① 定宜庄：《清代八旗驻防研究》，辽宁民族出版社 2003 年版，第 15 页。
② 清官修：《清实录》（第三册），中华书局 1985 年版，第 114 页。

人百姓和官员居住的南城和以旗人居住的内城。

此外，除了北京城内，京郊地区也分布着大量的旗人，主要包括外三营①、密云八旗以及王公园寝的旗人。外三营也称"营房"，所谓"营房"是"因为这些军营都是官、兵携眷而居，官为盖房，四周有营墙，故称营房。"② 火器营最初为八旗汉军所设。康熙二十七年（1688 年），设汉军火器兼练大刀营。③ 康熙三十年（1691年），清政府又挑选了满蒙八旗的火器手，组成了内外火器营。④在城外的火器营为外火器营，而在城内的火器营为内火器营。其中，外火器营驻扎在京西蓝靛厂附近，沿清水河而建，较为著名。北京地区的旗人所称的火器营一般指代的都是外火器营。

健锐营的设立则较晚。乾隆十四年（1749 年），清政府设立健锐营，驻香山，派王公大臣统领。⑤ 因为香山属于北京西山的一部分，所以北京地区的旗人又称健锐营为西山健锐营。圆明园护军营的设立与火器营及健锐营略有不同。由于圆明园为皇家园林，且皇帝有相当长的时间在此地处理政务，因此为了解决清帝的安保问题，特在此设立八旗驻防军。雍正三年（1725 年），清政府在圆明园设立了京师八旗驻防军，让他们携眷驻防。⑥

在密云地区和喇叭沟门也有部分旗人分布。清代前期，皇帝经常在夏季去热河围猎避暑，为了加强北京到热河地区的防务安全，乾隆时期在密云设立八旗驻防。驻扎在密云地区的八旗营房被称为

---

① 外三营指的是火器营、健锐营、圆明园护军营。
② 金启孮：《金启孮谈北京的满族》，中华书局 2009 年版，第 3 页。
③ 赵尔巽：《清史稿》，中华书局 1998 年版，第 3377 页。
④ 赵尔巽：《清史稿》，中华书局 1998 年版，第 3377 页。
⑤ 参见赵尔巽：《清史稿》，中华书局 1998 年版，第 3378 页。
⑥ 参见张德泽：《清代国家机关考略》，故宫出版社 2012 年版，第 104—105 页。

檀营，始建于乾隆四十二年（1777 年），于乾隆四十五年（1780 年）竣工。① 喇叭沟门地区的旗人主要分布在汤河川一带，该地区的旗人大多隶属于镶黄旗内务府都虞司衙门，主要服务于宫廷，分为鹰手营、胭脂营、杨木营。鹰手营主要负责向宫廷进奉猎物，胭脂营主要负责开垦农田，负担宫中的胭脂水粉费用，而杨木营主要负责看守林场，提供宫中扎枪用的杨木杆。②

此外，京郊地区还有为王公看守园寝的旗人。清代王、公的陵寝由府内的官员派兵丁守护，首领为章京③。他们在园寝附近携眷而居，形成了王公园寝的驻防旗人。

由此可以看出，为了减少旗、民冲突，保持旗人"国语骑射"的传统，清政府实行了"旗民分居"的原则，而清初北京地区的旗人主要分布在内城以及京郊地区，且多是出于服务宫廷、王公大臣以及军事驻防的需要。

二、清初北京地区的旗、民流动

从某种意义上讲，出于军事需要而设立的旗人聚集区更像是八旗军队的军事堡垒，民人进入旗人聚集区受到了一定的限制，而旗人更是不得随意离开。入关之初，无论是在北京还是各省，所有的旗人都被限制在相应的驻防地区。尤其是没有驻防区首领的批准，旗人离开驻防地不能超越一定的距离。④ 此外，旗人聚集区还和其

---

① 赵书：《旗下絮语》，北京出版社 2009 年版，第 20 页。
② 赵书：《旗下絮语》，北京出版社 2009 年版，第 17—18 页。
③ 章京为满语 janggin 的音译，意为将军，名义上为武职，实际则既有文职，又有武职。
④ ［美］路康乐：《满与汉：清末民初的族群关系与政治权力（1861—1928）》，王群、刘润堂译，中国人民大学出版社 2010 年版，第 34 页。

他城市一样实行严格的城禁制度。在北京地区前三门（宣武门、正阳门、崇文门）为北京内城和南城的边界。前三门在每天傍晚下锁，至三更时，唯正阳门开启一次，以便外城的汉官入朝。[1] 在内城，甚至旗人的居住空间也受到了严格限制。据清人笔记载：在北京内城"镶黄、正黄居都北址，次两白，次两红，次两蓝，皆四周星拱以环禁城"[2]，各旗居住地有着严格的界限，不得随意变动。

在这种驻防体制下，旗人"既不能从事农业生产，又不便经商逐利"[3]，"尤以报效当差为务"[4]，使内城众多旗人的衣食住行只能由外界来负担，由此北京内城成为一个以旗人为主导的巨大消费中心。在八旗驻防体制之下，民人进入内城受到限制，为了更加方便旗人消费，众多商家便聚集在旗民交界的地区，旗民交界处成为了非常繁华的商业中心，聚集了大量的民人和进行消费的旗人。北京前门大街一带的商业中心因为位于内城与南城的交界而繁华起来。这一时期，民人的人口流动多围绕旗人进行，为了谋生，大量的商家流向了旗民交界的地区。

到了康乾时期，这种人口流动发生了一定的改变。内城按照八旗方位划分的界限与实际居住界限已经不符，许多旗人甚至不知道按照自己的旗属自己应该住在哪里。雍正年间，一位八旗都统曾经上奏称八旗住址现在已经不能划定。[5] 由于史料比较缺乏，造成这种现象出现的确切原因已无从考证，但据笔者推测，可能与以下两

---

[1] 刘小萌：《清代北京旗人社会》，中国社会科学出版社 2008 年版，第 62 页。

[2] 昭梿：《啸亭杂录》，中华书局 1980 年版，第 336 页。

[3] 刘小萌：《清代北京旗人社会》，中国社会科学出版社 2008 年版，第 43 页。

[4] 吉林省档案馆、吉林社会科学院历史所编：《吉林档案史料选编（上谕奏折部分）》，内部资料 1991 年版，第 175 页。

[5] 允禄：《上谕旗务议覆》，天津古籍出版社 1991 年版，第 47 页。

点有关。一是八旗军队调动频繁，将领和士兵并不固定，导致旗人的具体居住也不固定。二是至康熙年间，许多旗人出现了生计问题，为了维持基本生活，只能典卖自己的房屋。虽然从法律上看，旗人分住的旗房属于国家，住户本身并无所有权，只有使用权，然而这俨然阻挡不了贫穷的旗人通过让渡自己对旗房的使用权变相将自己的房屋卖给其他旗属的旗人甚至是民人。乾隆年间，一位旗籍官员曾经谈到当时许多贫穷的旗人开始典卖旗房。① 可见，民人通过典买旗人的房屋进入满城已经较为普遍，民人流向满城的现象已经开始出现。

清朝中叶，南城的民人购买旗人房产的现象越来越严重，众多民人开始进入内城，旗、民混居引起了清朝统治集团的注意，许多旗人官员对此也十分担忧。一方面，旗人将旗房典卖给外城的民人后失去了房产，不利于旗人社会的安定，还需要政府赈济，加剧了清政府的财政负担。如前文所说，清初清政府分配给旗人兵丁的旗房本身具有国家属性，不归个人所有，因此事实上旗人没有资格出售旗房，这一行为本身属于违法。另一方面，旗人认为通过大肆兼并旗房，民人涌入内城，一定程度上破坏了内城八旗驻防体系的完整，打破了旗、民二元体制的城市结构，而旗人与民人的频繁接触不仅容易爆发冲突，还会使旗人逐渐沾染汉俗，不易保持其"国语骑射"的传统。为此，乾隆四十七年（1782 年）八旗都统奏准"嗣后旗人房间永远不准民人典卖，如有阳奉阴违，一经发觉，即照偷盗典买之例，将房撤出，并将银价追出入官，仍治以违禁之罪。"②

---

① 裕诚：《总管内务府现行例则》，故宫博物院文献馆 1937 年版，第 81 页。
② 裕诚：《总管内务府现行则例·会计司》第 4 卷，故宫博物院文献馆 1937 年版，第 81 页。

　　首先，由于当时旗房的产权不够明晰，有大量的旗人假冒民人将旗房出售，其中部分旗人受到了惩处。例如：在法令颁布不久，内务府员外郎老格就因为将自己的房屋当作民人房产出售给民人，后被清政府发觉，其交易双方与中介人都受到了惩处，房屋与交易的银两都被官府没收。① 但是，事实上清政府单纯依靠行政命令是无法阻止这一现象的出现的。典卖旗房的问题归根到底还是由于旗人的生计问题，这一问题如得不到根本解决，典卖旗房的现象就无法得到有效缓解。

　　其次，已经有越来越多的民人流入到内城，打破了旗人相对封闭的空间。除了前文提到的旗人将旗房典卖给民人的因素之外，现实的需要也是民人进入内城的重要因素。如前文所讲，内城之中的旗人不农不商，所有衣食住行都要依靠民人，所以不可能与世隔绝。出于自身生活的需要，民人进入内城经营工商业的限制也必然得到一定程度的放宽，于是，清中叶内城又出现了新的商业中心，例如，东西四牌楼、西单等地区。

　　尽管出于自身生活的需要，清朝当局允许民人进入内城经营工商业，但内城的商业发展空间在旗民分治体系的制约下，仍然处于被限制的状态，尤其是在经济文化较为发达的地区，这种现象更为明显。以清代旗人聚集最密集的北京内城为例，雍正时期，东华门、西华门外酒铺林立，值班的八旗兵丁经常在此饮酒。清政府对此非常警觉，曾下令严禁在上述地区贩卖酒水。此外，娱乐行业在北京内城被严格限制。为了防止旗人沉迷享乐，嘉庆年间，皇帝谕

---

　　① 参见中国人民大学清史研究所、中国人民大学档案系中国政治制度史教研室编：《清代的旗地》下编，中华书局 1989 年版，第 1364 页。

旨内城戏院一概永远禁止。① 鉴于娱乐业对人流的吸引力度，这大大抑制了民人由南城向内城的人口流动。

为了方便日常娱乐，有旗人经常从内城赶往南城进行消费。据道光初年的满文日记《闲窗录梦》② 记载，惇亲王府的管领，镶蓝旗满洲旗人穆齐贤就经常到南城听戏。此外，由于内城娱乐业相对贫乏，这一政策的实施反而使得内城的旗人为了方便消费而迁居外城。早在康熙年间，就有旗人违背禁令迁居南城③，而后随着内城旗人失去房产的情况日益严重，有大量旗人迁居南城甚至京郊地区。

由上可知，最迟至康熙年间，北京内城八旗人口按照八旗方位划分的居住界限与实际居住情况已然不符，而依靠清政府的财政支持，旗人居住的内城形成了巨大的消费中心。为了方便旗人消费，大批商家聚集在旗、民交界的前门大街一带，民人随之开始进入内城从事工商业，以此负担内城旗人的衣、食、住、行。同时，随着清朝当局对内城娱乐行业的限制以及旗人典卖房产的现象日益严重，又有旗人频繁前往南城，甚至搬离内城，由此形成了旗民混居的现象。

三、晚清北京地区的旗、民流动

清中叶后，随着社会形态的变迁，旗、民人口的流动发生了剧烈变化，造成这一现象出现的一个重要的原因是是旗人生计的恶化。如前文所说，由于旗人不农不商，导致这一阶层几乎完全依赖

---

① 允禄：《上谕旗务议覆》，天津古籍出版社 1991 年版，第 180 页。

② 《闲窗录梦》，中央民族出版社 2011 年版。为清代道光年间旗人穆齐贤用满文所记的日记，该书记载的主要为道光八年（1828 年）至道光十五年（1835 年）穆家及其亲友的衣食住行等生活细节。

③ 参见光绪朝《会典事例》第 1146 卷，中华书局 1991 年版，第 404 页。

中央的财政体系。而随着旗人人口的迅速增长，兵额却相对减少，使得旗人社会出现了许多没有收入来源的"闲散旗人"，成为清政府极大的财政负担。

旗人生计问题，早在康熙年间就已经引起了最高统治者的关注。到了乾隆年间，八旗生计问题已经成为朝中旗员经常讨论的问题。晚清以前虽然旗人生计问题已经十分严重，依然可以依靠国家的财政进行赈济，但到了晚清，国家财政已经陷入危机。首先是太平天国起义占领了长江流域，使清政府赖以支撑的江南地区的赋税受到冲击。其次，在平定了太平天国之后，西北地区发生了陕甘回变，使清政府需要筹措巨额的军饷。几乎与此同时，光绪初年直隶、山东等地发生了被称为"丁戊奇荒"的巨大灾荒，波及几乎整个华北地区。这一系列事件几乎使清政府陷入巨大的财政危机当中。

大量旗人青壮年战死也在一定程度上改变了旗人的家庭结构，加速了旗人的贫困化。近代以来，清政府对外战争屡遭失败，许多旗人家庭中的青壮年战死沙场，妇女儿童则无以为生，其中，八国联军侵华战争对北京地区的旗人打击犹为沉重。胡思敬曾经在其笔记当中记载，他的友人在北京内城赴宴，席间招歌妓作陪，来一女子，竟是某宗室家的旗人女子。家中的丈夫"俱殉庚子之难。两妇孀居，皆联元女，借十指营生"①。宗室尚且如此，一般的京旗生活境遇更是不堪。作家老舍的父亲，正红旗护军永寿就因抵抗八国联军侵华战死，死后连尸首也未曾见到。此后老舍一家失去了每

---

① 胡思敬：《国闻乘备》，中华书局 2007 年版，第 139 页。

月三两的饷银，生活更为艰难。①

收入的减少使得众多旗人不得不通过典卖旗房以补贴家用，甚至部分上层旗人也因此不得不典卖房产，许多地处内城中心地段的旗人世家的府邸在清末被大肆抛售，旗人在内城失去房产的现象越来越严重。晚清时期满人学者震钧就指出"世家自减俸以来，日渐贫窘，多至售屋。能依旧宇者，极少。"② 因此，清政府只得将北京地区旗人典卖旗房合法化。咸丰二年（1852 年），清政府"令顺天直隶等处悉准旗民交"③，民人购买旗人房产在法律上不再受限。此后，旗人变卖旗房更加方便，许多贫苦无房的旗人为了节省开支从北京内城搬到了南城，甚至是京郊地区。

对外战争的失利和旗人的贫困化使旗人聚集区内部相对封闭的空间被打破，部分旗人被迫离开旗营自谋生路。例如八国联军侵华期间，圆明园再次遭到了浩劫，原驻防其中的八旗兵丁离开营房，成为了散居的旗人，不得不自食其力。为了方便做工或是做些小本生意，这部分旗人需要搬到人群较为稠密的地区，有的搬到了南城，有的搬到了海淀或者大钟寺一带。之所以选在寺庙附近，因为庙会在开庙期间能聚集较多的民众，容易谋生。④

近代出版业与报业的发展，为具有一定文化知识的旗人提供了就业机会。由于北京地区的旗人大都粗通文墨，有的甚至具有较高的文化水平，从而促使他们离开北京前往报业较为发达的城市谋生，因此，清末十年间曾出现了一批著名的京旗报人。他们当中有

---

① 参见舒乙：《老舍先生》，中国青年出版社 2016 年版，第 42 页。
② 震钧：《天咫偶闻》，北京古籍出版社 1982 年版，第 60 页。
③ 邵之棠：《皇朝经世文统编》，文海出版有限公司 1980 年版，第 1547 页。
④ 参见金启孮：《北京郊区的满族》，内蒙古大学出版社 1989 年版，第 77 页。

的既是主笔，也是报刊的创办人，有的则常年在报纸上连载小说，成为当地较为著名的报人。如英华（字敛之）就在天津法租界创立了《大公报》，程道一则在奉天担任了《盛京时报》的主笔。这些人大部分出身于京旗，受过一定的教育，对北京城内的历史掌故都如数家珍，加上文笔又好，常常活跃于晚清的文坛或者舆论界，鼓吹社会改良，成为那些离开内城的旗人中自食其力的典范。

对外战争的失利加速了民人进入内城。据统计，光绪初年北京内城人口不过 3 万，到宣统年间猛增到 21 万。① 这是因为，八国联军侵华时期大批民人涌入北京内城避难，彻底改变了内城以旗人为主导的城市格局；而慈禧、光绪西逃以及八国联军的进驻也将清政府对旗、民的社会管控破坏殆尽。此后，"城内官员、旗人出入娱乐场所之禁不复存在，纷纷进酒馆、入戏园，内城也出现了妓馆、茶园等娱乐场所，后来清廷也便不加限制。"② 可见，庚子之难后北京内城对旗民的人流管控已形同虚设。

此外，东郊民巷使馆区的设立也在一定程度上改变了北京内城的旗民分布。在第二次鸦片战争期间，英国强迫清政府签订一系列不平等条约，取得了在内城设立使馆的特权。同治年间，法国、俄国、比利时、美国、西班牙、比利时、意大利等国均在北京设立了使馆，其中相当一部分使馆设在东郊民巷。列强进驻北京使得该城市的功能形态又发生了一定变化。

东郊民巷原名"东江米巷"，是元代漕运进京的重要关卡。清代，该地为内城正蓝旗的所在，是清朝内城的一条重要街道。中英

① 刘小萌：《清代北京旗人社会》，中国社会科学出版社 2008 年版，第 266 页。
② 李长莉：《中国人的生活方式：从传统到近代》，四川人民出版社 2008 年版，第411 页。

《天津条约》《北京条约》签订以后，英国成为最先在北京内城旗人社会建立使馆的国家。此后，法国、俄国、比利时、意大利、荷兰等国也先后在北京建立了使馆。《辛丑条约》签订后，列强在华的使馆权力有所增强。① 该条约规定，包括民人和旗人在内的中国人都不准在使馆区界内居住，旗人兵丁也不得进入使馆区，使馆区设有单独的车辆管理标准。条约签订后，原在该区域内的兵部、工部等衙门也同该地区的旗人一样悉数搬离。《辛丑条约》还规定，"各使馆境界，以为专与住用之处，并独由使馆管理，中国民人概不准在界内居住。"② 这样使馆区实际上脱离了当时清政府的管辖，成为了事实上具有半殖民地半封建性质的租界地。随着西方势力的干预，北京内城已经不再仅仅是旗人的天下，东郊民巷使馆区已经成为了旗、民双方共同的敏感区域。③

需要指出的是，西方势力开始在东郊民巷地区进行了一定的市政建设，改变了东郊民巷周围的环境，吸引了大量商家聚集，于光、宣之际在王府井一带形成了新的商业中心，同时也为周边地区提供了大量工作，在一定程度上影响了旗、民的人口流动。

清末 10 年间，由于北京城区旗、民二元体制已经被打破，北京内外城的治安管理无须采取旗、民分治的手段，而是统一划区进行管理。光绪三十二年（1906 年），清政府通过巡警对北京城进行分区管理，"内城分厅酌设分区：中分厅六区，东分厅五区，南分厅五区，西分厅五区，北分厅五区。外城分厅各酌设分区：东分厅

---

① 参见赵寰熹：《清代北京城市形态与功能演变》，华南理工大学出版社 2016 年版，第 101 页。

② 王铁崖：《中外旧约章汇编》，三联书店 1982 年版，第 1006 页。

③ 参见赵寰熹：《清代北京城市形态与功能演变》，华南理工大学出版社 2016 年版，第 102 页。

六区，南分厅四区，西分厅六区，北分厅四区"①，对于旗、民的治安处罚在法律的层面也基本上做到了一视同仁，由此基本宣告了自清初以来在北京地区所形成的旗、民二元体制的瓦解。据宣统三年（1911 年）民政部统计，京城市区和郊区的旗人各有三十万人口②，这显然是清初以来内城旗人不断向外迁徙的结果。

由此可以看出，晚清以来随着旗人的贫困化、对外战争的影响、西方势力的不断干预以及清政府社会管控的失效，内城的旗人不断向外城以及京郊迁徙，而其他地区的人口则开始不断进入内城，直至清初以来形成的旗、民分治体系以及旗、民的居住结构被彻底打破。

四、结语

清代旗民流动的变迁，实际上反映了八旗驻防体制的管控下旗人与民人的族群关系。入关之初，清朝出于维护自身统治的需要，在全国各地实行八旗驻防制度，并通过设立旗人的聚集区将旗人与民人在空间上隔离起来，希望以此来减少旗民冲突，防止旗人渐染汉俗，保持其"国语骑射"的传统。然而，出于旗民分治政策而建立的旗人聚集区根本无法完全阻止旗、民之间的流动，这一现象的发生却值得深究。

事实上，民人的流入在某种程度上反映的是一种经济现象，而旗、民之间的关系很大程度上为经济关系。从旗人社会内部来看，

①　赵寰熹：《清代北京城市形态与功能演变》，华南理工大学出版社 2016 年版，第 103 页。

②　《民政部汇造二次查报户口数清册》，刘小萌：《清代北京旗人社会》，中国社会科学出版社 2016 年版，第 576 页。

各基层的驻防佐领内部成员之间或多或少都有一定的血缘关系，因此，八旗驻防制度在某种程度上仍旧保留着满洲氏族社会的残余，而清朝当局为了保持自身民族的特性，有意通过超经济的手段对这一制度进行了强化，并剥夺了旗人的生产劳动能力。随着清代商品经济的恢复，被剥夺劳动生产能力且保持着氏族社会传统的旗人消费群体根本不可能单纯依靠空间隔断来阻挡商品经济的进入。在北京地区，随着大量民人流入内城，在文化上处于相对弱势的旗人群体就很难保持其"国语骑射"的传统。而同时期商业较为落后且尚未脱离生产的关外旗人（尤其是黑吉两省）抵御商业资本入侵的能力则相对强大，其在保持满语等民族特色的程度上远高于关内旗人，直到光绪年间，仍有地方大员上书清朝中央政府抱怨吉林当地"佐协等官但悉骑射，且多不通汉文。"①

具有氏族社会残余的旗人群体驻守在商品经济较为发达的区域本身就极易受到商业资本的侵蚀，清朝当局还用超经济的方式将其劳动能力剥夺，再加上清初旗人群体有着强大的消费能力，这直接导致了商业资本能够轻而易举地流入内城。因此，这一时期的民人的人员流动主要以旗民交界为中心展开，并深入内城，同时大批旗人也聚集在旗民交界处进行消费，也有众多旗人搬离内城。

到了晚清，随着社会环境的变迁，旗、民之间的流动则持续加剧。这种社会环境的变化主要体现在两个方面：一是旗民分治政策下清政府对旗人劳动能力的剥夺和种种限制，使其几乎完全依赖中央财政的供给，一旦清政府出现了财政危机，这一群体由于没有任

---

① 吉林省档案馆、吉林社会科学院历史所编：《吉林档案史料选编（上谕奏折部分）》，内部资料 1991 年版，第 59 页。

何谋生手段，只能离开旗人聚集区寻找工作机会。因此，晚清时期随着旗人闲散人口的增多，尤其是和清政府财政危机的加剧，清朝当局无力再通过超经济的手段去供养旗人甚至是八旗军队，加上对外战争失利导致大批妇女儿童无人照料，旗人群体的消费能力开始降低，具有氏族社会残余的八旗驻防制度在商品经济的侵蚀下开始趋于瓦解，而以租界为代表的新兴商业中心的崛起，也迫使许多旗人离开旗人聚集区流入民人社会谋生。二是晚清时期战争对八旗驻防的破坏和清朝当局社会管控的削弱也加速了旗人的流出和民人的流入。近代战争对八旗驻防体系尤其是旗人聚集地区的破坏，造成了旗人的出逃与民人的涌入，打破了旗民分治政策下清朝当局旗、民人口流动进行管控的模式。此前，清朝当局以财力为后盾，凭借着强大的社会管控能力，依然能将北京地区的旗、民流动控制在一定程度内。但进入晚清以后，随着战争的破坏，这种人流的管控能力受到了严重削弱，旗人与民人的人口流动发生了剧烈的变化，大批旗人搬离内城，旗民分治政策受到了巨大的冲击。

从旗、民流动的角度来看，终清一代，北京地区旗、民之间的人口流动渐渐突破空间上的阻隔，越来越多的民人陆续进入内城，大量旗人前后离开内城。晚清时期，仍然依靠清廷财政支撑的旗人群体从清朝的统治阶层逐渐演变成了清代社会的边缘群体，日益成为晚清社会变革的政治和经济负担。旗、民人口流动的演变反映出了旗人社会历史的发展轨迹，也从另一个侧面折射出了清王朝的命运起伏。

The Movement of Banners and People in the Perspective of the Eight Banners Garrison in the Qing Dynasty

——Investigation centered on Beijing

Cao Haozhe

Abstrct: The transition of the population flow of the Bannerman and the people in the Qing Dynasty essentially reflected the ethnic relationship between the Bannerman and the people under the control of the Eight Banners system during this period. At the beginning of the entry into the Shanhaiguan, the Qing Dynasty authorities separated the Bannerman and the people in Beijing from each other in space. On the one hand, they reduced the occurrence of flag and people conflicts, on the other hand, they prevented the Bannerman from becoming infected with Chinese customs and maintained their tradition of riding and shooting in the national language. With the deterioration of the national finance and the change of the social environment in the Qing Dynasty, the impoverishment of the Bannerman became increasingly serious, the Eight Banners system began to decline, the Eight Banners garrison system was destroyed in the war, and foreign forces began to intervene and infiltrate, which led to the gradual weakening of the control of the Qing authorities over the Bannermangroup. The Bannerman in the inner city of Beijing moved away one after another, and the people continued to enter. The system of separation of the Bannerman and the people, as well as the structure of the Bannerman and the people's houses, had a thorough change, The banner people group gradually degenerated from the ruling class in the early Qing Dynasty to the marginal group in the Qing society.

Key words: Eight Banners garrison; Bannerman people flow; Beijing

党史研究

中国共产党对功勋荣誉表彰制度的探索与实践（1921—2021）①

宋胜伟②

摘要： 中国共产党自成立以来，始终高度重视发挥先进模范的典型示范、精神引领作用，通过实践探索出一套完整的功勋荣誉表彰制度体系。习近平总书记强调"崇尚英雄才会产生英雄，争做英雄才会英雄辈出"，本文主要围绕党和国家探索功勋荣誉表彰制度演变历程及其不同时代特点，探索先进模范与共产党人精神谱系之间互动关系，总结历史经验，以期为新时代、新征程、新胜利贡献历史智慧。

关键词： 中国共产党　功勋荣誉表彰制度　英雄模范

中国共产党自成立伊始，就高度重视发挥先进模范的典型示范、精神引领作用，积极探索构建功勋荣誉表彰制度。该制度萌芽

---

①　本文为2022年度河北省社会科学发展研究课题"示范与引领：功勋荣誉制度与共产党人精神谱系话语构建研究"（20220303107）阶段性研究成果。

②　宋胜伟，河北省社会科学院历史研究所助理研究员。

于新民主主义革命时期，初创于社会主义革命和建设时期，发展于改革开放和社会主义现代化建设时期，在新时代更加成熟、更加定型。在不同历史时期，表彰奖励工作始终服务于党和国家中心大局，为全社会营造了尊爱英雄、崇尚先进的良好社会风尚，为党和国家的事业发展作出积极贡献。

一、萌芽阶段——新民主主义革命时期

功勋荣誉表彰制度肇始于新民主主义革命时期毛泽东、朱德等开辟的中央苏区借鉴苏联"斯达汉诺夫运动"，发端于军事斗争领域，服务于革命斗争实践，初步进行了授予勋章、荣誉称号等荣誉表彰形式的探索。这一时期党对功勋荣誉奖励只有优待红军战士条例等零星几个条例，尚未构成完整制度。

（一）发端于军事领域

党在新民主主义时期奋斗目标是实现争取民族独立、人民解放。大革命的失败，让党意识到"枪杆子里出政权"，没有革命的武装就无法战胜武装的反革命，就无法夺取中国革命胜利，就无法改变中国人民和中华民族的命运。因此，这一时期中国共产党的功勋荣誉表彰以军事领域表彰为主。

革命军人在战场上勇往直前、舍生忘死，根本动力既来源于其对革命理想和革命价值观的认同和追求，也来源于党和人民以革命理想和革命价值观为衡量标准，对其所做牺牲奉献给予的肯定和褒扬。早在大革命时期，中共就已经有关于革命军人优抚问题的规定。1925 年，在中共广东区委的《广东时局宣言》中已经明确提出

"保障退伍兵士生活，优待阵亡军人家族，规定残废军人年金。"①
1930年红军颁发的《中国工农红军纪律条例草案》就对部队奖励
的权限和对象进行明确规定。1931年，一苏大上决定设立中华苏
维埃最高荣誉奖章——红旗勋章，红旗勋章是中国共产党授予革命
将士勋章之始，只授予了毛泽东、董振堂、方志敏等8名革命将领。

1933年7月，为表彰在反围剿战争中有重大功勋的红军指战
员，中华苏维埃代理主席项英署名签发《中央军委关于颁发红军
奖章命令》"以示优异而励来者"②。红星奖章是我军最早的革命
荣誉奖章，分别于1933年7月和1934年8月共颁发过两次奖章，
周恩来、朱德都曾经获得过红星奖章。

在抗日战争和解放战争中，人民群众在中国共产党的坚强领导
下，抛头颅、洒热血，为保家卫国奋勇牺牲。为表彰和纪念英模，
同时为鼓舞干部群众革命勇气、凝聚力量，中国共产党采取一系列
的功勋荣誉表彰方式，包含选树劳动模范、战斗英雄，颁发勋章奖
章等多种形式。

1938年，八路军政治部在《战时政治工作》中作出规定，"表
扬英勇模范的例子，批评乃至处罚坏的分子。"③为激励全体抗日
将士抗日决心，坚定革命终将胜利的革命英雄主义精神，中国共产
党领导的八路军和新四军广泛开展"创造英雄模范、奖励英雄模
范和向英雄模范学习"的革命竞赛活动。1940年4月，中共中央
军委、总政治部先后颁发《关于八路军奖励问题的指示》《关于八
一奖励的指示》，决定于8月1日颁发奖章，并规定了给予有功人

---

① 中央档案馆、广东档案馆编：《广东革命历史文件汇集》，1983年未刊本，第23页。
② 姜延玉：《军事证章史话》，解放军出版社2009年版，第11页。
③ 《中国人民解放军政治工作历史资料选编》，解放军出版社2004年版，第161页。

员一到三等奖励的评判标准。指示和立功运动相结合，极大地激发了官兵英勇杀敌的革命英雄主义精神和工作、训练的积极性，涌现出一大批英雄模范集体和个人，为推动革命英雄主义和大生产运动深入开展、取得抗战和解放战争胜利作出巨大贡献。

（二）服务于革命斗争

经济建设必须环绕革命战争这个中心任务。① 新民主主义革命时期面对敌人军事进攻和经济封锁带来物资匮乏、生活困难的情况，中国共产党开始主要通过劳动模范表彰来充分调动劳动群众的积极性、主动性，推动各根据地经济建设、改善边区群众生活，为武装斗争提供后勤保障。从中央苏区开展的竞赛活动到陕甘宁边区大生产运动均服务于革命斗争这一中心任务。

1938 年 1 月，中国共产党在延安召开了竞赛展览会并表彰了抗战时期第一批劳模。1939 年 4 月，党相继颁布了《人民生产奖励条例》以及《督导民众生产运动奖励条例》等多项奖励生产条例。1940 年，毛泽东被评为"特等劳动模范"，激励边区人民共同奋斗。1942 年，随着大生产运动的深入，劳模和先进生产者不断涌现，在工业发展方面以赵占魁为代表，在农业生产领域以吴满有为代表。随后，"吴满有运动""赵占魁运动"在边区轰轰烈烈地展开，带动边区生产力的发展和恢复。1943 年 10 月，边区政府召开劳动英雄表彰大会并制定《劳动英雄和模范生产者及其代表选举办法》详细规定评选劳模的范围、条件、方法。

在陕甘宁边区的劳动运动中，先后召开过 9 次不同规模的劳模

---

① 毛泽东：《必须注意经济工作》，《毛泽东选集》第一卷，人民出版社 2006 年版，第 119 页。

表彰大会，共产生 1809 名劳动模范，其中特等劳动英雄 120 人，甲等劳动英雄 416 人。在党的领导和陕甘宁边区的示范作用下，各根据地和解放区也多次召开表彰大会，奖励为抗战和解放战争取得胜利作出突出贡献的劳动模范、战斗英雄。

（三）与竞赛式群众运动相结合

在革命战争年代，开展竞赛式群众运动是中国共产党进行革命动员和资源整合的重要手段，中国共产党在新民主主义革命时期的功勋荣誉表彰始终与广泛的群众运动相结合。最早在 1932 年 3 月 23 日，中共中央组织局发出题为《关于革命竞赛与模范队的问题》的通知，号召全党以最大努力"发动群众积极性，用组织模范队和革命竞赛的新方式"，"转变全部工作"①。抗日战争及解放战争时期，党中央所在的陕甘宁边区在毛泽东"自己动手"号召下开展的大生产运动中，为鼓励生产运动在农业生产领域发动"吴满友运动"，在工业领域发动"赵占魁运动"。党领导的各根据地在学习陕甘宁边区的经验上纷纷开展劳模运动，比如在太行山的新劳动者运动，晋冀鲁豫根据地的"甄荣典运动"，晋绥边区的"张秋风运动"，晋察冀边区的"戎冠秀运动"等，各根据地的表彰运动都产生了一批劳动英雄、模范工作者等模范人物。

在军事领域的群众运动以募集兵员或建立军功为主。早在中央苏区时期，中国共产党就采取了"扩红运动"来补充兵员。例如云集区朱开栓发动千名群众参加红军，毛泽东赞扬他是"真正的扩红能手"。到解放战争时期，全军大力开展群众性的"立功运

---

① 关于革命竞赛与模范队的问题，《中共中央关于工人运动文件选编》中册，档案出版社 1985 年版，第 184 页。

动"。中央军委颁发《部队立功运动概则》《立功运动条例》等规章制度。立功运动开展后，全军涌现出"临汾旅""塔山英雄团""济南第一团""洛阳营"等著名的英雄集体和董存瑞、刘梅村、王克勤、魏来国等大批战斗英雄和模范，极大地推进了部队的全面建设，为解放战争的全面胜利打下坚实的基础。

这一时期，我们党在浴血奋战、百折不挠的革命实践中，围绕巩固革命成果、建立统一战线、促进革命斗争等方面开展了多种形式的功勋荣誉表彰的探索，为新中国成立后全面执政的党和国家功勋荣誉表彰制度建设奠定了基础。

二、初创阶段——社会主义革命和建设时期

社会主义革命和建设时期，党和国家主要任务变为使社会主义制度在中华大地得到确立，自力更生、发愤图强，推进社会主义建设。党和国家开始着手对功勋荣誉表彰工作进行国家顶层设计，对历史时期的各种英雄模范进行系统表彰，功勋荣誉表彰制度初步创立。

（一）服务于社会主义革命与建设、进行系统表彰

中华人民共和国成立后，面对国内镇压反革命，国际帝国主义压迫等复杂的国内外环境，中国共产党延续英模表彰工作方法，评选一批英雄模范，调动一切可以调动的力量，来动员激励全国各族人民恢复国民经济、稳定社会局面、营造良好氛围。

为维护国家政权安稳，打破帝国主义对新生政权的威胁。1950年抗美援朝战争开始，作战初期，我志愿军尚无统一功勋荣誉标准。为激发广大志愿军战士斗志，1951 年 4 月，中央军委先后发布《中国人民志愿军立功条例（草案）》以及《中国人民志愿军立功标准的意见》，广泛开展立功运动，涌现出大批以黄继光、邱

少云为代表的英雄模范。此后，在对印自卫反击战中，1963 年 9 月，总政治部颁布《中国人民解放军战时立功条例（草案）》，内容涵盖立功标准、条件、审批权限以及实施措施等荣誉授予流程，第一次在全军范围对战时立功作出详细规定。1979 年，《自卫反击保卫边疆战时立功办法》及《战时颁发奖章的通知》的颁发，使我军对战时荣誉授予进行进一步的细化和完善。

1950 年 7 月，中央人民政府决定召开首次全国劳模大会，提出以召开大会表彰的形式对战斗英雄及工农群众中的劳动模范进行表扬，激发全国人民解放全国、发展经济的热情，共同为建设新中国燃起奋发努力的热情和斗志。

改革开放前全国劳模大会召开情况表

时间	会议名称	授奖单位	会议代表	人数
1950 年	全国工农兵劳动模范代表会议	中央人民政府	464	464
1956 年	全国先进生产者代表会议	中共中央、国务院	5556	4703
1959 年	全国群英会	中共中央、国务院	6577	3267
1960 年	全国文教群英会	中共中央、国务院	5806	2686
1977 年	全国工业学大庆会议	中共中央、国务院	7000 多	385
1978 年	全国科学大会	中共中央、国务院	6000	1213
1978 年	全国财贸学大庆、学大寨会议	中共中央、国务院	5000	381

新中国成立初期，以全国劳动模范为代表的先进英模大多是开国功臣、以农业生产领域的劳动模范和在革命战争年代涌现的战斗英雄。1956 年三大改造完成后，实现社会主义工业化成为党的主要目标。劳动模范选拔开始从重视劳动数量、重视劳动时间到重视生产技术革新发展，技术革新成为劳动模范的重要衡量标准，工业劳模成为取代农业劳模的第一主力。劳模的表彰不再局限于从工农业领域产生，而是扩展到社会主义建设的各个方面，两次群英会以

及全国科学大会的召开就是最好的证明。

（二）探索与军衔制相结合的勋表制度

国家政治稳定后，党和国家开始对在革命战争时期作出巨大贡献的将士们给予表彰，完善军队奖励管理机制，探索军衔与奖章制度相结合的表彰方式。1955 年 2 月，全国人大常委会决定授予土地革命时期有功人员八一勋章/奖章，授予抗战时期有功人员独立自由勋章/奖章，授予解放时期有功人员解放勋章/奖章。国家主席按照全国人大常委会决定授予勋章，国防部则负责颁发奖章。勋章由 3 个等级组成，奖章则无级别划分。其中勋章主要授予军队干部，奖章授予参加革命两年以上或不足两年负有残疾的全体人民军队战士。

为了向现代化国防军队发展，1955 年开始实行军衔制，军衔制的实施有利于激发官兵的荣誉感，增强军队的组织性和纪律性。1950 年成立了总干部管理部，并专门设置了军衔奖励处作为奖励工作的管理部门。1955 年 1 月，中央军委先后发布评定军衔和颁发勋章奖章指示，阐述了有关奖章制度建设的意义和价值，并且明确指出其基本的实施程序和标准性问题。[①] 在特定年代，授予军衔作为功勋荣誉表彰的一种重要形式，对于推进国防现代化起到积极作用。

（三）功勋荣誉纳入顶层设计范围

相较于新民主主义革命时期的各部门、各地区基于一些条例开展的功勋荣誉表彰活动，新中国成立后将功勋荣誉纳入国家顶层设

---

① 国防大学党史党建教研室：《中国人民解放军政治工作史（社会主义时期）》，国防大学出版社 1989 年版，第 75 页。

计范围。1949 年，中国人民政治协商会议通过的《中央人民政府组织法》，规定了颁发国家勋章和荣誉的权利属于中央人民政府。之后，我国 1954 年宪法规定，全国人大常委会有权做出授予国家勋章及荣誉称号决定，同时规定勋章或荣誉由国家主席授予。

此外，国家先后出台多种奖励表彰制度。比如 1951 年《保守党和国家机密奖惩暂行办法》及 1954 年《有关生产的发明、技术改进及合理化建议的奖励暂行规定》的颁布以及 1957 年由全国人民代表大会通过的《行政机关工作人员的奖惩暂行规定》。一系列关于奖惩法规颁布意味着我国国家功勋荣誉表彰制度得到初步确立。

这一时期，为激发全国各族人民群众自力更生、发愤图强，中国共产党开始对功勋荣誉表彰工作进行制度层面的探索，为巩固革命胜利成果、恢复国民经济、稳定社会秩序、进行社会主义建设，凝聚起强大力量，也使功勋荣誉表彰制度得到初步创立。

三、发展阶段——改革开放和社会主义现代化建设时期

改革开放和社会主义现代化建设新时期，党和国家的主要任务是以经济建设为中心，实行改革开放，解放生产力。功勋荣誉表彰工作紧密围绕中国特色社会主义现代化建设中心任务，在各地区、各行业、各领域、各部门普遍开展，表彰奖励规章制度不断完善，奖励实践多措并举，功勋荣誉表彰制度得到进一步发展。

（一）国家功勋荣誉法规日益完善

党的十一届三中全会后，党和国家颁布一系列规章制度，推动功勋荣誉表彰工作深入开展。这一时期的表彰奖励首先突出科学技术是第一生产力作用，依据科学奖励条例设立了国家最高科学技术奖等 5 项高规格科技发展领域奖项。2003 年，中共中央首次提出

要逐步建立人才奖励制度及国家功勋荣誉制度，对具有杰出贡献的个人和单位颁发荣誉称号。2010年，《国家中长期人才发展规划纲要（2010—2020）》颁布，党中央对整个社会发展有积极贡献的人员都设置表彰奖励项目。此外《中华人民共和国发明奖励条例》及《教学成果奖励条例》等科教领域相关条例相继颁发，这些都极大地激发科教人员创造创新热情，为科技发展、国防建设、民生保障作出了积极贡献。

其次，劳模表彰成为定制。1989年后，全国劳模表彰每5年一次，每次3000人左右成为定制。评选对象延伸到到促进社会经济建设各行业的带头人。例如1989年国务院颁布《关于召开全国劳动模范和先进工作者表彰大会的通知》规定，在企业发展、经营管理、能够提振经济等方面有重大贡献的可以被评选为劳动模范，因此，厂长、经理等企业负责人便被纳入全国劳动模范评选范围。

再次，国家行政机关工作人员表彰工作有法可依。1993年8月14日，《国家公务员暂行条例》正式颁发，为行政奖励工作提供了法律依据。各地政府对省级行政奖励也进行了完善。

（二）表彰奖励工作多措并举、广泛开展

表彰奖励工作明确主管部门。1980年，国家人事局成立，负责表彰奖励工作。同年，国家人事局向各省、自治区、直辖市以及国务院各部委人事部门发出通知，要求各单位人事部门按照国务院颁发的奖惩规定，各自制定实施办法或具体措施，积极开展推动奖惩工作。从此以后，各地各部门及群团组织根据管理权限纷纷开展表彰奖励工作，表彰奖励覆盖面日益广泛，社会影响力不断增强，表彰奖励工作得到极大发展。

例如，在党内开展"两优一先"表彰；在维护民族宗教领域设置民族团结进步模范；在行政机关上设置人民满意公务员；在全社会选拔具有民族精神和时代精神的道德模范；在群团领域设有"五四奖章""五一劳动奖章"并恢复"三八红旗手"；在医药卫生领域设有"白求恩奖章"；在文艺领域有"五个一工程"奖，等等。此外，中央各部委定期对本系统本行业先进集体和先进个人进行评选表彰。

另外，针对重大专项活动进行及时表彰，比如 1998 年"全国抗洪抢险表彰"、2008 年"汶川抗震救灾表彰"、2008 年"北京奥运会残奥会表彰"、2010 年"玉树抗震救灾表彰"、2010 年"上海世博会表彰"等。

（三）注重精神文明建设

改革开放后，随着物质生活改善，政治环境逐渐宽松，价值观念日益多元化，为抵制资本主义自由化思潮，加强社会主义精神文明建设，中国共产党开始注重社会主义核心价值观建设。1992 年的《中共中央关于加强和改进宣传思想工作，更好地为经济建设和改革开放服务的意见》中指出，"要大力宣传敢于解放思想，换脑筋，开创经济建设和改革开放新局面的领导干部和企业家以及艰苦创业、开拓进取、勇于奉献的英雄模范。"[1]

这一时期表彰奖励工作开始向精神文明建设延伸，相继设置和开展了一系列有重大影响的评选表彰活动：1992 年中央宣传部设置了"精神文明建设五个一工程奖"；2005 年中央文明办开始实施全国文明城市创建活动。2007 年中央文明办等 4 家中央机关决定每年评选表彰一批全国道德模范。其间涌现出一大批优秀作品和典

---

① 《十三大以来重要文献选编（下）》，中央人民出版社 2011 年版，第 635 页。

型人物，为社会主义核心价值观注入时代元素，为社会主义和谐社会建设起到示范引领作用。

这一时期，党和国家功勋荣誉表彰制度紧紧围绕建设有中国特色的社会主义的时代命题，表彰奖励活动全面开展，重点工作领域示范引领作用日益彰显，功勋荣誉表彰制度得到丰富发展。

四、完善阶段——中国特色社会主义新时代

党的十八大后，中国特色社会主义进入新时代。功勋荣誉表彰奖励工作得到以习近平同志为核心的党中央高度重视，总书记明确指出功勋荣誉表彰制度是完善和发展中国特色社会主义制度必然要求，是提高国家治理能力和治理体系的现代化建设的重要举措。由于制度体系得到完善，表彰奖励活动得到规范，党和国家功勋荣誉表彰制度变得愈加成熟。

（一）建立健全功勋荣誉表彰法律法规体系

进入新时代后，党中央根据时代特点进行顶层设计，逐步建立健全相关法律，形成了以"1+1+3"制度体系为核心，以"五章一簿"为主干的功勋荣誉表彰制度体系。

"1+1+3"制度体系主要包括：中央发布的《关于建立健全党和国家功勋荣誉表彰制度的意见》和全国人大常委会通过的《中华人民共和国国家勋章和国家荣誉称号法》，以及党、国家、军队3个具体表彰条例，以法律法规的形式明确我国的功勋荣誉制度的表彰主体、授予标准、授予等级、奖励形式等内容。"五章一簿"包括："共和国勋章""七一勋章""八一勋章""友谊勋章""国家荣誉称号奖章"以及党和国家、军队荣誉簿。

与此同时，出台了10多个配套办法，分别对"共和国勋章"

和国家荣誉称号、"七一勋章""八一勋章""友谊勋章"的授予、纪念章的设立颁发、其他勋章的设立、功勋荣誉表彰的撤销、勋章奖章的规制及佩戴、获奖者待遇、困难帮扶、评比达标表彰、国家级表彰项目增设和调整等做出具体规定。

"1+1+3"制度体系构建和"五章一簿"的确立，标志着党和国家功勋荣誉表彰进入法制轨道，使得功勋荣誉表彰制度更加成熟、更加定型。

（二）功勋荣誉表彰奖励工作日益规范

新时代对表彰奖励工作更加规范。首先，建立健全组织领导机构。2015年，国家组建党和国家功勋荣誉表彰工作委员会统筹协调评选表彰等工作。之后，2018年，中共中央办公厅、国务院办公厅印发《评比达标表彰活动管理办法》明确指出，全国评比达标工作协调领导小组由党和国家功勋荣誉表彰工作委员会统一领导，负责政策指导、监督检查等工作。

其次，功勋荣誉表彰奖励类别设置更加规范。国家功勋荣誉表彰奖励层级分为最高级勋章、荣誉称号、表彰奖励及纪念章4个不同的奖励类型。

勋章主要包括"共和国勋章""友谊勋章"等，其中"共和国勋章"为国家最高荣誉，须经全国人大常委会决定；根据需要国家主席可直接决定授予"友谊勋章"。"七一勋章"和"八一勋章"则分别作为党和军队的最高荣誉。

荣誉称号里的"国家荣誉称号"为国家最高荣誉，须经全国人大常委会决定。荣誉称号可以由党中央等联合授予，也可以单独颁发。

表彰奖励主要有国家级、省、部级和地县级。目前，国家级表彰奖励主要有"两优一先"党内表彰，全国劳动模范和先进工作者等国家表彰，以及中央军委表彰。

纪念章，党中央、国务院、中央军委均可设立。

再次，评比达标管理更加严格规范。中央进一步完善评比达标管理办法，严格实行中央和省两级审批制度，省级项目实行目录和计划管理，省级以下项目实行数量和计划管理，使得表彰奖励工作制度进一步规范。加大对表彰奖励项目清理规范力度，让全国各级各类表彰奖励数目由 14 万多项精简到 3000 多项，精简率高达 97%。

（三）功勋荣誉表彰制度全面落地

"共和国勋章"为国家最高荣誉，2019 年 9 月，全国人大常委会决定授予于敏等 8 人"共和国勋章"，2020 年 9 月，授予钟南山"共和国勋章"。

"七一勋章"为党的最高荣誉，在建党百年之际，中共中央于 2021 年 6 月授予马毛姐等 29 人"七一勋章"。

"八一勋章"是我国军队最高荣誉，在中国人民解放军建军即将 90 周年，即 2017 年 7 月 28 日，中央军委决定将"八一勋章"授予麦贤得等 10 人。

"友谊勋章"是中国对外的最高荣誉勋章，自 2018 年开始至 2021 年，共授予俄罗斯总统普京等 9 人"友谊勋章"。

"国家荣誉称号"为国家最高荣誉，分别于 2019 年和 2020 年授予叶培建等 31 人称号。

这一时期，党中央、国务院开展一系列重大国家表彰奖励活动，比如，在改革开放 40 周年之际，即 2018 年 12 月，党中央、国务院决定将"改革先锋荣誉称号"授予于敏等 100 名同志。

这些重大表彰活动，在全社会引起巨大反响，推动全社会形成学习先进、争做英雄的良好风尚。

五、功勋荣誉表彰制度与党的精神谱系

党的十八大以后，中国特色社会主义进入新时代。以习近平同志为核心的党中央高度重视功勋荣誉表彰奖励工作，立足国内国际时事最新研判，继承自建党以来，特别是改革开放以来功勋荣誉表彰的探索与实践，蕴含深厚中国优秀传统文化渊源，将功勋荣誉表彰制度作为完善和发展中国特色社会主义制度、推动国家治理能力和国家治理体系的现代化建设的重要内容，着力构建制度体系，规范表彰奖励活动，强化重大表彰引领作用，使党和国家功勋荣誉表彰制度更加成熟、更加定型。

每一名先进模范以其无私的奉献、高尚的品德、突出的贡献得到党和国家的功勋荣誉表彰；每一次功勋荣誉表彰都体现党和国家对先进模范的肯定与尊重；每一次功勋荣誉表彰总会凝练出一种精神，并作为中国共产党精神谱系重要组成部分加以弘扬推广。比如，在抗击新冠病毒肺炎疫情表彰大会中总书记提出的伟大抗疫精神；在脱贫攻坚总结表彰大会上提出的伟大脱贫攻坚精神；在全国劳动模范和先进工作者表彰大会提出的劳模精神、工匠精神；在改革开放40周年大会提出的伟大改革开放精神。

表彰奖励工作作为国家政治制度建设的创新之一，凝聚各时期先进模范强大精神力量，凝练为共产党人的精神谱系中重要内容之一，为实现强国建设、民族复兴提供强大精神动力和信念源泉。

六、总结与启示

回顾党的功勋荣誉表彰制度走过的百年历程，梳理不同时期功勋荣誉表彰不同特点，探寻总结功勋荣誉表彰制度演变轨迹主要有以下几点启示：

第一，坚持政治站位。表彰奖励工作，是国家治理重要手段之一，必须将讲政治放到首位。习近平强调，功勋荣誉表彰工作是培育和弘扬社会主义核心价值观、增强中国特色社会主义事业凝聚力和感召力的重要手段。做好新时代表彰奖励工作必须以近平总书记关于表彰奖励工作的一系列重要论述和指示精神作为指导，深刻把握表彰奖励工作的新特点、新要求，把表彰奖励工作作为实现治理能力现代化的重要内容来认识、谋划和推动，把讲政治、树旗帜贯穿于表彰奖励工作始终。

第二，服务于中心大局。功勋荣誉表彰奖励工作始终服务于中心大局。历史和实践证明，党中央决策部署指向哪，功勋荣誉表彰奖励工作就推进落实到哪。在革命战争年代，党的功勋荣誉表彰侧重于为实现争取民族解放作出突出贡献的英雄模范；在社会主义革命和建设时期，侧重于为新中国经济社会发展作出突出贡献的英雄模范；在改革开放和社会主义现代化建设新时期，党的功勋荣誉表彰侧重于使中国大步赶上时代的英雄模范；中国特色社会主义进入新时代，党的功勋荣誉表彰侧重于为实现中华民族的伟大复兴的英雄模范。

第三，突出功绩导向。树旗帜立标杆，关键在标准。回顾党在不同历史时期功勋荣誉表彰获得者的选拔，无论是战争时期还是建设时期，都是经过严格的选拔推荐程序，均为各行业、各领域贡献突出、道德高尚、群众认可的先进人物，他们凭借自身的先进性映现出时代型特色，成为人民群众中具有代表性人物，做到了荣誉与业绩相称，褒奖与贡献相当，经得起实践和人民检验。

第四，坚持精神引领。功勋荣誉表彰价值导向在于精神上引领，行动上模范。我们党在不同历史时期，始终准确把握功勋荣誉表彰的价值导向，坚持以精神奖励为主，深挖先进模范蕴含的精神力量、时代价值，不断丰富了中国共产党精神谱系。做好新时代表彰奖励工作，要始终坚持精神引领，宣传先进人物的功绩卓著和良好风范，大力弘扬社会主义核心价值观，在全社会营造尊崇英雄的良好氛围，为实现中华民族的伟大复兴凝心聚力。

Exploration and Practice of the Meritorious Honor Commendation System by the Communist Party of China（1921—2021）

Song Shengwei

Abstract：Since its founding, the Communist Party of China has always attached great importance to giving play to the exemplary and spiritual leading role of advanced models, and has explored a complete system of meritorious honors and commendations through practice. This article mainly focuses on the evolution of the meritorious honor and commendation system and the characteristics of different times of the party and the state, explores the interactive relationship between advanced models and the spiritual genealogy of communists, and summarizes historical experience, in order to contribute historical wisdom to the new era, new journey and new victory.

Key words：Communist Party of China; the award system of medals and honorary titles; Heroic model

冀中抗日根据地与平原游击战述略
——以雄安为例

王小梅　李翠艳①

摘要：冀中抗日根据地是中国共产党领导创建的第一块平原抗战根据地，对全国其他平原根据地具有借鉴价值。冀中平原游击战争是贯彻毛泽东开展游击斗争指示精神的典范。雄安位于冀中腹地，在根据地创建和游击战争中发挥了重要作用，涌现了许多抗战传奇和英雄人物。在雄安新区建设如火如荼的今天，回顾冀中抗战能给我们带来许多有益启示和思考。

关键词：冀中根据地　平原游击战　雄安

冀中位于河北省中部平原，平汉、北宁、津浦、石德铁路之间，土地肥沃，物产丰饶。雄安辖雄县、安新、容城3县，位于京、津、保三角腹地，倚靠"华北明珠"白洋淀，属冀中平原核心地带，其优越的地理位置和自然环境正是雄安新区落户于此的重

① 王小梅，河北省社会科学院历史研究所研究员。
李翠艳，河北省社会科学院历史研究所副研究员。

要因素。在抗日战争时期，雄安3县隶属冀中抗日根据地第四、五分区（1940年7月后是第九、十分区），在抗日游击战争中屡屡创造奇迹，同时成功探索了敌后平原根据地建设之路，成为冀中抗战的坚强堡垒。

一、首创平原抗日根据地

冀中平原是晋察冀边区敌后抗日根据地的重要组成部分。由于敌我力量对比悬殊、国共合作权重差异，抗战伊始中共领导的根据地多起步于较为偏僻的山区，如晋察冀、晋冀豫。冀中平原抗日根据地的开辟可以说是中共开展平原根据地的创举，为其他平原根据地的建设提供了范本。

1931年九一八事变后，冀中的高阳、蠡县、博野、定县等地在中共冀中党组织的领导下进行了多次武装起义，但均遭失败，党组织也长期遭到破坏。1935年，中共冀中区组建保属特委，隶属于中共河北省委，特委书记李菁玉。1937年7月，抗日战争全面爆发后，保属特委南移石门（今石家庄）。随后根据中共北方局的指示，在保属特委的基础上成立了中共平汉线省委，负责统一领导保（定）东、保南、保西、直（隶）中、直南等地区党的工作。之后为了工作便利，中共平汉线省委将保东、保南两个中心县委改为特委，分别在高阳、任丘、安新、河间和深泽、饶阳、高平、武强等县发动群众，组建人民抗日武装。9月中旬，原红军团长孟庆山受中央委派来到冀中，任保东特委军事委员，受命组织武装，开展游击战争，建立根据地。10月10日石家庄失守后，根据形势的发展变化，中共北方局决定将平汉线省委西迁，保东、保南两特委合并组成保属省委，张君任书记，领导平汉线以东地区党的工作。

今属雄安新区的雄县、安新、容城3县即归中共保属省委领导。

毛泽东在《抗日游击战争的战略问题》中指出，"建立根据地问题，首先就是武装部队问题。"[1] 冀中抗日根据地的开辟，就是从创建抗日武装开始的，主要分两部分，一部分是中共地方组织建立的人民武装力量，如"抗日义勇军""华北抗日自卫军""河北游击军"等；另一部分则是改编自国民党东北军的"人民自卫军"。

中共保属特委领导的抗日游击队迅速发展。孟庆山、侯玉田在高阳、蠡县、安新、任丘等地举办游击战争培训班，培训了200多名抗日骨干；同时争取安新县城内的伪保卫团参加抗日，壮大了华北抗日自卫军。改编自地方武装的河北游击军拥有2400余人。冀中区各县在当地中共党组织的领导下，都建立起人民自卫团或县大队等抗日武装。无极、藁城、定县等地在当地中共党组织的领导下，建立了抗日义勇军第七、第八2个支队，安新、任丘等7个县的民间自卫团，在经过争取后接受中共领导成为人民的抗日武装。

1937年10月14日，在国民党东北军第53军130师691团任团长的中共党员吕正操率团起义，脱离国民党军队，正式宣布改编为人民自卫军，下设3个总队，共1600人。吕正操任司令员，李晓初任政治部主任。人民自卫军"约法三章，严明纪律，不准扰民，官兵平等，坚决抗战"，人民群众踊跃参军，"师范、高中的师生和其他知识青年等，纷纷投笔从戎"[2]。北平、天津、保定等地许多青年学生也来到冀中参加抗日。仅半个月时间，人民自卫军发展到拥有3个步兵团、1个特种兵团和1个特务营，人数达5000

---

① 《毛泽东选集》（第二卷），人民出版社1991年版，第423页。
② 《八路军·回忆史料》（1），解放军出版社1990年版，第436、437页。

多。人民自卫军第 1 支队活动于安新一带；第 4 支队在容城一带游击。1937 年底，高阳、安新等 10 个县建立了抗日政府和抗日自卫军。

根据中共中央指示，人民自卫军主力于 1937 年底由吕正操、孙志远率领到路西整训一个月，余下部队改编为河北游击军，孟庆山任司令员，侯平任政治部主任，统辖 12 路抗日队伍，其中第 4 路活动于安新一带，第 5 路在任丘北、雄县南部，第 8 路在新安、容城一带。

1938 年 1 月，人民自卫军整训归来。在肃宁召开的中共保属省委会议上，鲁贲传达了中共北方局对冀中工作的指示，讨论了创建冀中平原抗日根据地的任务。会议决定，将中共保属省委改为中共冀中省委，鲁贲任书记，张君为副书记，孟庆山为军事委员会主席。人民自卫军与河北游击军协同，展开剿匪、改造会道门和联庄武装等工作，为建立抗日根据地扫除障碍。到 1938 年 4 月，冀中区的各个抗日武装整编进入人民自卫军和河北游击军，加强了集中指挥，为冀中平原根据地建设提供武装保障。1938 年 4 月，冀中军民相继粉碎了日军的两次"扫荡"，基本肃清冀中腹地土匪武装和日伪军，建立起包括雄安 3 县在内的 38 个县政权。至此，冀中平原抗日根据地初步建立。

聂荣臻指出：冀中这块抗日阵地，"是我们党在平原上开创的第一个根据地"，意义非常深远，"对于全国其他平原地区的抗战，将提供有价值的经验"。"冀中区的建立和巩固，为山区根据地的发展提供了人力、物力的支援，是我们在敌人心脏里建起的一个抗战堡垒。"① 冀中军民的丰功伟绩得到中共中央的充分肯定。中共

① 《聂荣臻回忆录》，解放军出版社 1986 年版，第 395、397 页。

中央书记处认为冀中"有很大成绩，创造了很大的党和军队，发展了民运，建立了政权，使冀中平原成为抗日根据地之一。这都是冀中领导同志坚决执行中央路线与冀中全体同志艰苦奋斗的结果"①。

二、坚持平原游击战争

抗日战争全面爆发后，毛泽东明确指出："整个华北工作，应以游击战争为唯一方向。"② 冀中抗日根据地的开辟，为开展全面游击战争提供了后方基地和演武平台，保障了冀中军民对游击战的成功探索和实践。冀中平原游击战争得以持久、胜利进行。

为了进一步统一领导，必须整合冀中区的两支武装力量。遵照中共北方局和晋察冀军区的指示，中共冀中区第一次党代表大会于1938年4月21日在安平召开。会议正确地分析了冀中平原的抗日形势，总结了半年来依靠群众开展游击战争、建立发展抗日武装、建立根据地的经验教训，决定：冀中省委改为冀中区党委；统一军事指挥，成立军区、军分区，统编冀中部队为第三纵队，各县建立基干自卫队；统一冀中政权，建立冀中主任公署，并分别在深县、蠡县、大城、雄县设立专署，以加强对冀中抗日根据地的领导；建立与健全各级政权，取消各地战地总动员委员会；提出减租减息、统筹统支、改善人民生活、调剂金融、统制贸易等经济政策。这次会议在党的历史上具有里程碑的意义，为平原游击战的开展打下组

---

① 《彭真在组织工作会议上的结论》，中共河北省委党史研究室编：《冀中历史文献选编》上，中共党史出版社1994年版，第58页。

② 《毛泽东军事文集》（第二卷），军事科学出版社、中央文献出版社1993年版，第57页。

织基础。

1938年5月4日，根据八路军总部命令，人民自卫军与河北游击军合编为八路军第三纵队，同时成立冀中军区。吕正操为司令员，王平为政委。统一领导冀中的军事斗争，全面开展游击战争。

冀中抗日根据地的建立，引起侵华日军的高度重视。1938年11月中旬至12月上旬、12月下旬至1939年1月下旬，日军对冀中抗日根据地发动了两次围攻，相继攻占了安国、博野、蠡县以及容城、雄县等县城，使冀中抗日根据地军民面临的形势极为严峻。

中共中央根据冀中抗日根据地形势的变化，明确指出："冀中区域的中心任务是巩固现有武装部队，依靠群众力量，坚持长期游击战争。"[1] 为加强对冀中区的领导，增强冀中区的抗日武装力量，中共中央于1938年11月24日决定派程子华到冀中。与此同时，八路军总部于12月命令第120师主力挺进冀中，"执行巩固冀中、帮助第三纵队和发展部队的任务"[2]，推动冀中部队正规化的进程。贺龙、关向应到冀中后吕正操部归其指挥，但建制系统仍属晋察冀军区管辖。遵照中共中央的指示，程子华于1938年底率领一部分红军干部和抗大毕业的知识分子学员来到冀中。1939年1月下旬，120师的直属队、教导团、第716团、独立第1支队等部抵达冀中的河间县惠伯口村，与冀中党政军领导机关会合。2月上旬，第715团也由大青山进抵冀中。2月中旬，根据中共中央北方局的决定，由贺龙、关向应、周士第、甘泗淇、吕正操、王平、孙志远、黄敬等组成冀中军政委员会，贺龙任书记。与此同时，还建立了以

---

[1] 《八路军·文献》，解放军出版社1994年版，第251页。
[2] 《中国人民解放军战史》第2卷，军事科学出版社1987年版，第152页。

贺龙为总指挥、吕正操为副总指挥的指挥部。从此，冀中的党政军有了统一的领导机构，部队的战斗力得到了提高，从而凝聚起强大的抗日武装力量。

在此基础上，1939 年 3 月，冀中军区召开政治工作会议。会议研究确定整训冀中部队，使其"八路军化"，"提高战斗力，创建主力兵团"①。这次整训是在中央军委总政治部华北战地考察团、晋察冀军区和第 120 师的直接领导和帮助下进行的，取得了显著的成绩。经过整训，冀中部队提升了政治素质，培养了过硬作风，强化了组织纪律观念，提升了部队的整体作战能力。冀中军区部队以崭新风貌驰骋在冀中平原，在冀中各县、区游击队及民兵密切结合下，展开一场场令敌人焦头烂额的游击战。

1939 年 1 月至 7 月间，第 120 师在冀中"作战 160 余次，歼日伪军 4900 余人，部队也由挺进冀中时的 6000 余人发展到 2.1 万余人"②，胜利地完成了中央军委赋予的"巩固冀中，帮助 3 纵队整军和扩大 120 师"③ 的任务，于 8 月上旬离开冀中，转移至晋察冀边区北岳区。

第 120 师离开冀中后，冀中军区部队仍在冀中平原坚持抗日游击战争。在 1940 年的青纱帐战役中，冀中军区部队作战 190 余次，毙伤日伪军 2600 余人，俘伪军 500 余人，破坏公路 160 多公里，攻克和逼退一些日伪军据点，部分地恢复与扩大了根据地。百团大战后，随着日军对中共领导下根据地"扫荡""围剿"的加强，1941 年冀中根据地进入困难时期，尤其在 1942 年日军"五一大扫

---

① 《八路军·回忆史料》（1），解放军出版社 1990 年版，第 442 页。
② 《中国人民解放军战史》第 2 卷，军事科学出版社 1987 年版，第 155 页。
③ 《八路军·回忆史料》（1），解放军出版社 1990 年版，第 445 页。

荡"后，根据地遭受重创，面积和人口都大大减少。但是，冀中平原的游击战争从未停止，并且更加灵活机动地打击敌人。1941年5月4日，毛泽东亲自为冀中部队题词，称赞冀中军区部队是"坚持平原游击战的模范，坚持人民武装斗争的模范"①。

三、雄安抗战传奇与英雄人物

在冀中抗日根据地开创与建设中，在广袤的游击战场上，涌现了许多著名战例和抗战英雄。以雄安为例，略述一二。

米家务地道战 冀中地区是地道斗争最早的发源地。1941—1943年间，在日军严密封锁、疯狂"扫荡"下，冀中根据地陷入最困难时期。1942年3月，中共冀中行署、冀中军区等发出关于开展地道斗争的指示信，指出："在敌后平原残酷的战斗环境里，一方面群众的生命财产要求安全，抗战的物质资财要求保全，另一方面分散的群众性的游击战争，不仅需要坚持，并且要求猛烈广泛开展，这就需要创造新的斗争方法。作为以上要求的有效依托，地道斗争就是适合于以上要求的一件新的创造。"② 1942年11月7日，中共冀中区党委根据中共晋察冀分局的指示，从冀中区实际出发作出《关于冀中形势和任务的指示》，明确要求各级党委加强对武装斗争的领导，广泛开展地道斗争，地方武装的连队改为小连大班制，大班同党政干部混合编组，坚持与敌周旋，开展抗日游击战。

雄县米家务是冀中十分区机关驻地，也是地道战开展较好的村

---

① 《八路军·回忆史料》（1），解放军出版社1990年版，第446页。

② 《冀中行署、冀中军区司令部、冀中武委会关于开展地道斗争的指示信》，中共河北省委党史研究室编：《冀中历史文献选编》上，中共党史出版社1994年版，第613页。

庄。当时的分区司令员旷伏兆，政委刘秉彦积极领导人民挖地道，在日军"扫荡"最残酷的时期利用地道坚持游击战争。当时挖的地道连通了"一溜米"的7个村庄，人们称之为"地上一个米家务，地下一个米家务"。1945年5月，十分区部队利用地道战成功粉碎了日伪军1500人的围攻，整场战斗只用了不到20分钟。

地道在冀中反"扫荡"斗争中发挥了重要作用。到1944年，冀中的地道已经形成地下长城，成为日军脚下的噩梦。

淀上神兵雁翎队　白洋淀古称有"九十九淀"，为诸水所聚，位于高阳、任丘、雄县、容城、安新5县交界处，纵横300余平方公里，有苇田12万余亩，物产丰富，人称"华北明珠"。在抗日战争时期，日军侵略冀中腹地，白洋淀上以雁翎队为代表的抗日武装纷纷崛起，与侵略者进行不屈不挠的斗争。据安新县文史资料记载：1939年春夏之间，淀上成立水上游击队，因其竹排船出发时排成"人"字，形如空中飞过的雁群，中共安新县委书记侯卓夫将这支队伍命名为"雁翎队"，队长为张印青。雁翎队经常穿梭于芦苇荡中，神出鬼没，利用大抬杆打击敌人，坚持了几年的水上游击，端据点、炸船只、截军火，创造了不少战斗奇迹。1943年8月22日，延安《解放日报》登载了穆青的长篇报告文学《雁翎队》，从此雁翎队的故事在各抗日根据地广泛流传。有一首民谣这样写道："雁翎队是神兵，来无影去无踪。千顷苇塘摆战场，抬杆专打鬼子兵"，把雁翎队的水上抗日场面描述得活灵活现。多年以后，曾经战斗在冀中的吕正操、杨成武两位将军来到白洋淀，分别为雁翎队纪念馆题词："人定胜天""雁翎队功业永留青史"。

文学沃土白洋淀　说到白洋淀，首先想到的是孙犁的《荷花淀》。孙犁出生于安平，曾在白洋淀边的同口镇当小学教员。1937

年冬，孙犁参加了吕正操领导的人民自卫军，做宣传工作，开启其革命文学生涯。1944 年，他到延安鲁迅艺术学院工作，开始大量创作反映冀中人民斗争的小说，耳熟能详的有《荷花淀》《芦花荡》《麦收》等，《荷花淀》被公认为解放区小说的重要代表作，影响深远，孙犁因此成为后来"荷花淀派"的领袖。2002 年 7 月，孙犁辞世后，安新县政府在白洋淀建起了孙犁纪念馆。关于文学的白洋淀，有一种经典的说法是"功在抗战，名传孙犁"。

徐光耀的《小兵张嘎》也是家喻户晓。徐光耀是雄县人，1925 年出生，少时加入八路军，活动于冀中。1958 年开始创作《小兵张嘎》，塑造了一个顽皮可爱、机灵侠义小英雄的独特形象，后被拍成电影，成为革命文学的红色经典，深入人心。

白洋淀是革命文学的沃土，著名作家梁斌、远千里、杨沫、韩映山、崔璇、任彦芳都曾在这里生活和战斗过。可以说，白洋淀哺育了一代革命文学家，对中国现代文学作出了独特贡献。

凛然赴死侯卓夫 侯卓夫，高阳县人，"七七事变"后，他在安新喇喇地一带领导抗日救亡活动。1938 年侯卓夫任中共新安县委书记，领导成立锄奸团，建立抗日游击 33 大队和各区小队（统称雁翎队）。1940 年 8 月安州、新安合并为安新县后任县委书记，领导恢复建立县里的各级抗日民主政府。在向村的一个堡垒户家工作时，侯卓夫被几十名日伪军包围，他首先烧掉身上带的机密文件，掩护同志突围。为避免被敌人活捉，他毅然把枪口对准自己头部扣动扳机而壮烈牺牲。侯卓夫是一名真正的抗日英雄，优秀共产党员。

狼牙山上容城勇士 "狼牙山五勇士"中的胡德林、胡福才都是容城人，1938 年参加支前并留在部队。1941 年，二人所在部队活跃于易县、满城一带，开展游击战争。在 9 月 25 日一次执行掩护任务中，与另外 3 名战友一起，将敌人引上狼牙山棋盘陀下面的牛角胡，弹尽粮绝时壮烈跳崖，胡德林、胡福才、马宝玉当场牺牲，葛振林、宋学义因被树枝托住而幸存。狼牙山纪念塔上聂荣臻亲笔题词："视死如归本革命军人应有精神，宁死不屈乃燕赵英雄光荣传统。"

四、启示与思考

在新时代的今天，回顾冀中平原根据地建设与游击战争，其战略与战术、经验与精神，都是值得思考与借鉴的。而这些，正是冀中抗战给我们留下的宝贵财富。

启示一：坚持党的集中统一领导。冀中根据地是按照中共的指示开辟和发展起来的，开辟根据地的武装力量由多支逐渐整合为两支，最后合为一支，即冀中军区部队（八路军第三纵队）。在党的统一领导下，抗日武装经过整训，加强了正规化建设，军事武装力量大大增强，为开展持久的游击战争打下了基础。冀中游击战争能够在残酷的环境中得以坚持并取得胜利，离不开党对军队的整合和统一领导。作为国家战略的雄安新区建设，同样也需要坚持统一领导，以坚持持久抗战的精神，才能取得成绩并最终圆满完成。

启示二：以创新创造突破困局。开辟平原抗日根据地，开展平原游击战争，本身就是中共在抗战中的大胆创造。这是在战略上的创举。从战术角度来说，冀中军民也有许多创新。1941 年 1 月—1943 年 8 月是冀中根据地的困难时期，日军的"扫荡""围攻"异常频繁猛烈，妄图将根据地"吞食"，直至毁灭……到 1942 年春，日军"五一大扫荡"后根据地面积缩小了 2/3 左右。但是，冀中军民并没有被困难吓倒，而是创造性地利用多种战斗方式与敌周旋，如交通战、地道战、地雷战、麻雀战等，利用纵横交错的地道、芦苇荡、青纱帐等，创造了不少抗战传奇，大大削弱了敌人锐气。至 1944 年夏季，冀中根据地即恢复并超过 1940 年的水平。这些创新和创造，大大丰富了平原游击战争的内容，为全国根据地的游击战争提供了经验。在雄安新区的建设过程中亦会遇到诸多困难，我们认为，在尊重事物发展规律的同时，创新创造的实践尤为重要。

启示三：汲取抗战精神精髓。在冀中抗日根据地创建和平原游击战争进行过程中，包括雄安在内的冀中军民在中国共产党的领导下，运用地形和智慧，在冀中平原牵住日军鼻子，加以打击并寻机歼灭，不仅锻炼了战斗本领，还有力支援了其他根据地的抗日斗争。他们取胜的关键在于其胸怀伟大的抗战精神：从普通百姓到高级将领，从儿童团、民兵到正规部队，都以抵抗侵略、保家卫国为己任，因而涌现出许多抗战传奇和英雄人物。2020 年 9 月 3 日，在纪念中国人民抗日战争暨世界反法西斯战争胜利 75 周年座谈会上，习近平总书记阐释了伟大抗战精神的涵义，即天下兴亡、匹夫有责的爱国情怀；视死如归、宁死不屈的民族气节；不畏强暴、血战到底的英雄气概；百折不挠、坚忍不拔的必胜信念。这是抗战精神的精髓所在，也是我们无往不胜的精神食粮。雄安新区建设离不开这种精神食粮的补给，精神在，干劲源源不绝，中华民族伟大复兴的梦想才能实现。

14 年抗战中，冀中平原抗日根据地犹如一把插在敌人心脏上的尖刀，让侵华日军寝食难安。在中共中央和中共北方局的领导下，冀中与周边的北岳、冀东、冀鲁边、冀南等抗日根据地密切配合，协同作战，形成了对北平、天津、保定、石家庄等日军盘踞军事重镇的战略包围，持久坚持平原游击战争，钳制了大量的日军，打乱其侵略计划和战略布署，为全国抗战的胜利作出了重要贡献。今日的雄安，位于冀中腹地，有着冀中军民坚持抗战的光荣传统，有着游击战争中凝炼的智慧、果敢、一往无前的革命品格，必能完成新区建设这一千年大计。

Summary of the anti-Japanese base area and plain guerrilla warfare in central Hebei
——Take Xiong'an as an example
Li cuiyan

Abstract：The anti-japanese base is the first plain anti-Japanese base created under the leadership of the Communist Party of China, which has reference value for other plain base areas in China. Guerrilla warfare in central Hebei Plain is a model of carrying out Mao Zedong's guerrilla struggle instructions. Located in the hinterland of central Hebei province, Xiong'an has played an important role in the establishment of its base areas and guerrilla warfare. Many legends and heroes of the Anti-Japanese War have emerged. With the construction of the Xiong'an New Area in full swing today, a review of the Anti-Japanese War in central Hebei has brought us a lot of useful inspiration and thinking.

Key words：central Hebei base area; plain guerrilla warfare; Xiong'an

晋冀鲁豫边区政府冀南区
第七行政督察专员公署契约浅析

张重艳①

摘要： 晋冀鲁豫边区政府冀南区第七行政督察专员公署契约有一定的数量。笔者见到的冀南区第七行政督察专员公署的契约，从地域上来看，有元城县和莘朝县，这些契约为研究抗日战争时期冀南区第七行政督察专员公署契约的格式、元城县和莘朝县的建置和地名、田房契约的税率提供了不可多得的材料。

关键词： 契约　冀南区第七行政督察专员公署　税率

陈瑞青处收藏有一份晋冀鲁豫边区政府冀南区第七行政督察专员公署契约，是 1945 年元城县四区辛庄村梁福海买地纳税契约，为制式契约。契约颜色发黄，宽 36 厘米，高 39 厘米，系两联粘贴而成，上钤有五方红印，红印大小不一，右半部是"契纸"，左半部是"契约纸"，"契约纸"上方写有"贫农"二字。下面笔者把这份契约逐录如下：

---

① 张重艳，河北师范大学历史文化学院博士，河北省社会科学院历史研究所副研究员。

右半联：

纸　契

晋冀鲁豫冀南区第七行政督察专员公署

边区政府

发给契纸事查民间买典田房一律应照章投税领取正式契纸以保其田

一房所有权业经各县遵辨在案此據元城县四区辛庄村业户梁福海报称於

三十四年　月　日价买　典　房间　名下地二段计地六畝九分二厘三毫　　为

六元合行粘发契纸为证　附开

实用本幣一千三百九十五元声讲纳税除照章按百分之四税率收本幣

面积			等级	地畝	坐落
阔	横	长		六畝九二瓜三毛	辛庄村
二段共小地六畝卜二瓜三毛	北居八步一尺八寸一居同	西大段中长二百四十六步三寸			
小地一畝〇六不	东小段长三十步正	北居八步一尺八寸中八步三尺八寸			
		南居八步二尺五寸折地五畝卜七毛			

中华民国三十四年　月　日

	界		限	
至北	至南	至西	至东	
顶头	刘	梁	刘	
村长	会长	缮契人	中证人	
梁玉凤	梁兆敬	梁福海	宗文秀	

左半联：

贫农

纸　约　契

立卖契约人　祖地　今将自有　庄东凹　地二段　计地六畝

九分二厘三毫经中证人共同言明每畝价洋贰佰　元出卖

於梁福海名下耕种为业地价共洋一千三百九十五元照数当日收

足恐后无凭立契约为证

计開

坐落　辛庄村　四至　东至　刘　南至　刘

　　　　　　　　　西至　梁　北至　顶头

等级

长科　西大段中长一百六十四步〇三寸　东小段中长三十步　　村长　梁玉凤

横科　北居八步一尺八寸

　　　中居八步三尺八寸五卜　北居八步一尺八寸　　农会长　梁兆敬

　　　南居八步二尺五寸　　二居同　　中证人

　　　小地五厶八卜七瓜八毛八不一严地一厶〇四瓜五毛　　代笔　梁孟奇

　　　二段共小地六厶九卜二瓜三毛三不八平

中华民国三十四年　月　日

一、契约格式

笔者在网上查阅资料，发现目前收藏界有关第七行政督察专员公署的契约有一定的数量。笔者见到的冀南区第七行政督察专员公署的契约，从地域上来看，有元城县和莘朝县。1942年3月20日，《修正晋冀鲁豫边区田房契税办法》①规定："田房契税由各专署制发（情况必要时可由各县代制），式样定为3联，首联为正契，田业主收执；中联为报查，每月终由县府汇齐连同田房契税月报表呈送专署（直属县送呈边府财政厅）备核；末联为存根留县存查。"人民成立田房契约，应先向县政府购买契纸携回依法填写，在限期内到县报税。人民买典田房书立契约时，由新旧业主与说合人并产邻同赴田房所，在村公所跟同村长书写加盖村公所图章，并由村长、农会主任签名盖章以为证明。从契约格式上来看，元城县都是制式契约，与元城县4区辛庄村梁福海买地纳税契约相同，共两联，右半部是"契纸"，发行者是"晋冀鲁豫边区政府冀南区第七行政督察专员公署"，目的是"民间买典田房一律应照章投税，领取正式契纸以保其田"，契纸标明买地人的信息、购买地产的价格、税率、纳税额，附表写明土地的坐落、地亩、等级、面积、长、横、阔、四至，还有中证人、缮契人、村农会长、村长的签押，最后是契约纳税的时间。左半部是"契约纸"，标明卖契约人的信息、地产信息，写明土地的坐落、等级、长科、横科，土地的信息与右半部基本相同，还有村长、农会长、中证人、代笔人的

---

① 晋冀鲁豫边区财政经济史编辑组等编：《抗日战争时期晋冀鲁豫边区财政经济史资料选编》第一辑，中国财政经济出版社1992年版，第1088页。

签押，最后是契约的时间。与元城县契约不同的是，莘朝县的契纸右半部是"契约纸"，左半部是"契纸"，契纸有的不是制式契约，其余均与元城县契约相同。

二、文书中的建置和地名

笔者把网上见到的冀南区第七行政督察专员公署契约信息按照契约时间先后摘录如下（有些契约照片较模糊，仅能摘录部分信息）：

1. "元城县六区宋头村王水常买地纳税契约"，买地时间是民国三十四年二月，与纳税时间同，购买王振保自有西北地八亩五厘三毫，价洋3220元，税率4%，收本币13元。"贫农"字样和印章在右半部"契纸"部分方框之外的上端中间。

2. "元城县二区白菓村王海观买地纳税契约"，右半部"契纸"前有手写"买"字，买地时间是民国三十四年三月二十日，左半部是"契约纸"，纳税时间是民国三十四年三月十六日。购买王立训自有西北地二亩二分零厘五毫，每亩价洋1000元，共2205元，税率4%，收本币35元。

3. "元城县六区宋窑村刘振英买地纳税契约"，买地时间不详，纳税时间是民国三十四年三月二十五日，购买地三亩壹分三厘七毫，每亩价洋800元，共计2510元，税率4%，纳税本币101元。契约纸有"立卖契人补，今将自有西北地"，"中农"字样和印章在右半部"契纸"部分方框之外的上端中间。

4. "元城县六区唐村程如春买地纳税契约"，买地时间是民国三十四年五月初一日，纳税时间相同。购买祖业六亩三分二厘六毫，共计本币1630元，税率4%，纳税本币26元。"中"字样在右半部"契纸"部分方框之外的上端中间，钤有印章3枚。

5. "元城县五区赵娄村张士翰买地纳税契约"，买地时间是民国三十四年五月十二日，纳税时间相同。购买祖业庄子地三分一厘七毫，共计价洋 905 元，税率识读不清，纳税本币 15 元。

6. "元城县五区江马陵村贾振身买地纳税契约"，买地时间是民国三十四年五月十二日，与纳税时间同，购买祖业名下二段计四亩三分陆厘四毫，每亩价洋 1200 元，共价洋 5237 元，税率 4%，纳税本币 21 元。"贫农"字样和印章在右半部"契纸"部分方框内。

7. "元城县一区东齐村何朝桂买地纳税契约"，只有契纸，买地时间是民国三十五年三月初九，与纳税时间相同，购买何朝乾地二亩一分九厘八毫，共计价洋 1100 元，税率 5%，纳税本币 110 元（原写 55 元，划去）。

8. "莘朝县三区孙工辰村魏见平买地纳税契约"，右半部是"契约纸"，左半部是"契纸"，买地时间是民国三十一年三月十六日，纳税时间是民国三十四年三月，购买康兆善地两段五亩整，每亩价洋 2500 元，共计 12500 元，税率 2.8%，纳税本币 350 元。

9. "莘朝县四区余至村李继尧买地纳税契约"，右半部是"契约纸"，左半部是"契纸"，买地时间是民国三十四年四月初一，与纳税时间同，购买某人家西南北地二段十亩一分四厘八毫，共计洋数模糊识读不清，税率 1.6%，纳税本币 321 元。

10. "莘朝县一区岳家村岳修五买地纳税契约"，右半部是"契约纸"，契约纸为手写，左半部是"契纸"。买地时间是民国十七年二月，纳税时间是民国三十四年四月，购买岳崇恩地两亩三厘，每亩 20 元，实用本币 40.9 元，税率 4%，纳税本币 24 元。

冀南区第七行政督察专员公署：行政督察专员制度是南京国民

政府于 20 世纪 30 年代创制，这种地方行政制度后来逐渐在国共双方大部分地区实施。专员公署是介于边区政府和县政府之间的组织机构，抗日战争时期，伴随着各个抗日根据地的开辟，专员制度得到普遍推行。冀南区是中国共产党领导的华北敌后抗日根据地之一，是晋冀鲁豫边区的重要组成部分。"1941 年 7 月，鲁西区第三专署改称冀鲁豫区第三行政督察专员公署。9 月，改称晋冀鲁豫边区第十八行政督察专员公署。1943 年 7 月划归冀南行署领导，改称冀南区第七行政督察专员公署。"① "1943 年 7 月，冀鲁豫三专区划归冀南区，改建为冀南区 7 专区。"② 冀南区第七行政督察专员公署是由冀鲁豫三专区改建而来，其前身则是鲁西区第三专署。1949 年 8 月，冀南区撤销，辖区归属河北省。

元城县、元朝县：据《大名县志》，"1940 年元城、大名、魏县分治，大名县辖 6 个区、345 村，元城县辖 6 个区、209 村。1945 年 3 月元城县与山东朝城的张鲁、王奉 2 个区合并为元朝县，下辖 8 个区。"③ "（1944 年）6 月，大名、元城改属冀南三专署。"④ "（1945 年）3 月，元城县与山东省朝城的张鲁、王奉两个区合并，改为元朝县，县政府在北峰，属冀南一地委。"⑤ "（1945 年）5 月 14 日，日伪军向安阳逃窜，大名、元朝县全部解放。"⑥ 1949 年大名、元城两县合并为大名县。"1943 年大名县遭受了百年未见的大灾荒，旱、风、虫灾相继发生，土地荒芜，禾苗不生，

---

① 大名县县志编纂委员会编：《大名县志》，新华出版社 1994 年版，第 680 页。
② 《大名县志》，新华出版社 1994 年版，第 171 页。
③ 《大名县志》，新华出版社 1994 年版，第 51 页。
④ 《大名县志》，新华出版社 1994 年版，第 18 页。
⑤ 《大名县志》，新华出版社 1994 年版，第 19 页。
⑥ 《大名县志》，新华出版社 1994 年版，第 19 页。

饿死、病死者甚重，当时元城县逃亡的、饿死的群众约6万人，大名县小潭口村人口死去1/4。经过这次灾荒，贫苦农民失去相当大一部分土地。1944—1945年，大名县抗日民主政府开展了赎地运动，将地主以低价从农民手中购买的土地按原价赎回。"①

莘朝县："1943年7月，冀鲁豫军区部队发起的朝南战役取得重大胜利，随之于1944年2月，解放了朝城县。1944年8月，解放了莘县，11月，再次解放莘县。至此，莘县全境彻底解放。为适应新的对敌斗争形势，莘县和朝北于1943年7月合并，称莘朝县。1945年5月，重新分开，恢复莘县，朝北与元城合并为元朝县。"②"1941年6月属冀鲁豫三专署。1943年7月改属冀南七专署。1944年8月1日，莘县全境解放，成立莘县民主政府。1948年8月属冀南一专署。"③

契约中出现了当时的一些村庄名，今天有些村名仍然在沿用，如元城县四区辛庄村，今大名县万堤镇有辛庄村；元城县六区宋窑村，今大名县埝头乡有宋窑村；元城县五区江马陵村，今大名县西付集乡有江马陵村。有的村名，如元城县六区宋头村、元城县五区赵娄村、元城县二区白菓村、元城县一区东齐村、莘朝县四区余至村，莘朝县一区岳家村，莘朝县三区孙工辰村则不再沿用。

三、税率

元城县契约的时间，民国三十四年三月有3份，五月有2份，

① 《大名县志》，新华出版社1994年版，第114页。
② 中共莘县委组织史资料编辑领导小组编：《中国共产党山东省莘县组织史资料（1931—1987）》，山东省新闻出版社1989年版，第18页。
③ 山东省莘县地方史志编纂委员会编：《莘县志》，齐鲁书社1997年版，第39页。

民国三十五年三月初九 1 份，辛庄村契约只标明时间是民国三十四年。其中一份契约的买地时间与纳税时间不同，但时间均为民国三十四年三月。莘朝县的 3 份契约中，2 份的购买时间与纳税时间不同，购买时间为民国三十一年三月十六日、民国十七年二月，3 份契约的纳税时间均为民国三十四年三月、四月。

1942 年 3 月 20 日《修正晋冀鲁豫边区田房契税办法》规定："田房契税依下列标准：（一）买契税：按契价征收 8%。（二）典契税：按契价征收 4%。征收税款一律按边区本位币以元为单位计算之。"1942 年 8 月 14 日，《冀南行署关于减低边府颁布之田房契税税率的通令》①规定："关于税率一项自 9 月 1 日起至 11 月底止，按照边府颁布之'田房契税'办法原规之卖契税价 8% 减为 4%，当契 4% 减为 2%，自 12 月 1 日起按照边府所颁布之办法施行，仰合接令后立即按规定印刷契纸，在减税期间内发动大量税契工作，并布告全体人民一体遵照为要切切。"这个文件规定了冀南区的卖契税率由原来的 8% 降到了 4%。但在政策实行中，1945 年元城县五份契约的税率是 4%，1946 年元城县一份契约的税率是 5%。莘朝县的 3 份契约中，一份税率为 4%，一份税率为 2.8%，一份则更低，为 1.6%，如此低的税率，可能是因为后两份契约的买地时间较早所致。

通过对这些契约信息的仔细识读发现，买地的价洋与税率的乘积大多与纳税额不符，只有第 3 件和第 8 件买地的价洋与税率的乘积与纳税额对等。第 8 件契约纳税额还存在数字涂改现象，而根据

① 《抗日战争时期晋冀鲁豫边区财政经济史资料选编》，中国财政经济出版社 1992 年版，第 1090 页。

《修正晋冀鲁豫边区田房契税办法》的规定，"填写契约如有错误时不得涂改，应将填错契纸缴县注销另购新契。注销之契县政府须按月送交专署（在契上注财政所）备查"。

综上，这些契约为研究抗日战争时期冀南区第七行政督察专员公署契约的格式、元城县和莘朝县的建置和地名、田房契约的税率提供了不可多得的材料。有一些问题，如当时对于继承祖地的税收政策、不同税率产生的原因、元城县二区白菓村王海观买地纳税契约的纳税时间比买地时间早4天的矛盾之处、有的地契上写明买地人的阶级成分等，笔者学力甚浅，尚不能给出合理的解释，祈请方家答疑、指正！

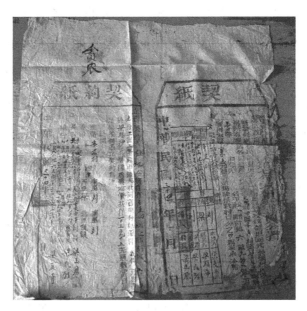

附图1　1945年元城县四区辛庄村梁福海买地纳税契约

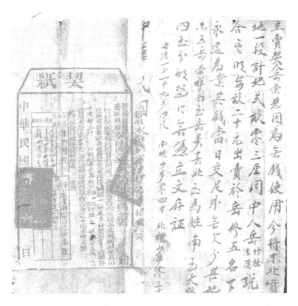

附图2　莘朝县一区岳家村岳修五买地纳税契约

A Brief Analysis on the Contract of the Seventh Administrative Inspector's Office of the Southern Hebei District Government in the Jinan-Shandong-Henan Border Region

Zhang Chongyan

Abstract: There are a certain number of contracts of the Seventh Administrative Inspector's Office of the Southern Hebei District Government in the Jinan-Shandong-Henan Border Region. These contracts are from Yuancheng County and Xinchao County, and an invaluable material for studying the format of the contract during the War of Resistance Against Japanese Aggression, the establishment and place names of Yuancheng County and Xinchao County, and the tax rate of the farm contract.

Key words: Contract; The Seventh Administrative Inspector's Office of the Southern Hebei District; Tax rate

抗战时期日军"宣抚班"
在华北地区工作资料探析

许益菲①

摘要：日军占领华北后，为消除敌占区民众对其恐惧和不信任，组织宣抚班开展了一系列宣传和安抚工作，来争取华北的民众和民心，把势力深入渗透进华北各地的基层社会。日本亚洲历史资料中心公开的有关华北日军宣抚班的档案资料，揭示了 1937—1940 年日军宣抚班在华北地区借宣传安抚之名，行殖民统治之实的历史过程。但是，日方档案资料中的立场问题需要仔细甄别，其内容有粉饰其宣抚背后殖民本质的成分，需要结合多方史料比对才能更加接近历史真相。

关键词：宣抚班　华北敌占区　治安战　民心

"宣抚"一词，原本是一个汉语词汇，意指朝廷派遣大臣赴某一地区传达皇帝命令并安抚军民、处置事宜。然而，在日本侵华时期，"宣抚"这一词汇却被日军借用粉饰其在占领区的殖民活动。具体而言，日军在占领区设立"宣抚班"，向区内民众宣传其占领政策，并运用多种手段试图安抚当地群众，以达到在占领区笼络人

---

　　①　许益菲，历史学博士，河北省社会科学院历史研究所助理研究员。

心的目的，具有非常强烈的殖民主义侵略色彩。日本占领华北后，为了消除民众恐惧，争取民心，开展了一系列的宣传和安抚工作，意在离间中国共产党与华北群众的鱼水关系。有学者认为，宣抚班本质上是作为与"治安战"相配合的宣传武器，通过争取民众来消除其敌意，以服务于日本的殖民统治。① 因此，梳理和分析抗战时期日军在华北地区宣抚班的活动资料，考察华北宣抚班的工作实态，可以揭露日军在华北对民众进行思想洗脑的殖民统治本质。

一、日军华北"宣抚班"略历

七七事变后，日本在推行所谓"治安战"的过程中，愈发意识到掌握民心的重要性，于是华北日军在扶植伪政权的同时，也着手组建宣抚班进入华北，开展"宣抚"工作。1937 年 7 月 21 日，来自关东军的宣抚官八木沼丈夫②应日军华北驻屯军司令部的电请，前来天津帮助华北日军组建宣抚班。③ 8 月 9 日，满铁选拔的52 名社员一行抵达天津，他们都拥有在中国东北地区开展铁路爱护村工作的经验，这些人被分为 7 个班，部署在北宁铁路沿线的昌黎、唐山、塘沽、杨村、廊坊、安定、长辛店、通州一带，主要确保日军对铁路的控制。

1937 年 8 月 29 日，日本华北方面军成立了宣抚班本部。这

---

① 王萌：《谋心：日本在中国沦陷区的"宣抚工作"（1937—1945）》，社会科学文献出版社 2021 年版，第 17 页。

② 八木沼丈夫（1895—1944）：日本陆军宣抚官，出生在福岛县东百川郡的教师家庭，1917 年来华，1929 年加入南满洲铁道株式会社，其后配属日本关东军。他作为首批宣抚员曾在中国东北地区开展宣抚活动，并把宣抚员比作是"没有武器的战士"。"七七事变"爆发后，八木沼丈夫又策划组建了华北宣抚班。

③ 「昭和 12 年」JACAR（アジア歴史資料センター）Ref. C11110458400、宣撫班小史（防衛省防衛研究所）

时，为配合日军在津浦铁路、京汉铁路、平绥铁路以及山西北部的作战行动，宣抚班分为从军宣抚班和现地宣抚班两种，工作重点在于确保兵站线的稳定。从军宣抚班一般跟随作战部队一起行动，主要为部队提供后勤支持和情报搜集工作；现地宣抚班则侧重于在沦陷区召回流亡避难者，组织成立治安维持会。由于日军在华北作战区域和作战范围的逐渐扩大，华北宣抚班的规模也随之不断扩充，到 1937 年底，华北宣抚班的总数扩大到 80 个，其中包括 1 个本部宣抚班、66 个现地宣抚班、2 个特殊宣抚班、5 个联络班、6 个施疗班，宣抚员总数达到 829 名。宣抚班的工作范围也从最初的北宁线扩展到津浦线、京津线、京汉线、正太线、同蒲线等广大区域。

1938 年 1 月 1 日，原本隶属于华北方面军宣传部的宣抚班开始转隶于方面军特务部，各现地宣抚班则分属于各地的特务机关，而且还要更多地听从各地师团的指挥调遣。由此，宣抚班本部对各宣抚班的控制逐渐弱化，各地日军对宣抚班的掌控权重越来越高。1 月 18 日，日本华北方面军宣抚班本部从天津迁到北京，宣抚工作的重点地区也开始转向山东，并开始准备进入山西的宣抚工作。4 月 1 日，85 个现地宣抚班转属于太原的第一军和济南的第二军，同时，以原特务机关和指挥机关组成第一军司令部宣抚班和第二军司令部宣抚班。此外，第三班（石家庄）、第四班（青岛）、第十班（太原）、第四十九班（彰德）仍然配属于当地的特务机关，这 4 个班后来在 8 月份又转属于军下辖师团。到 1938 年底，宣抚班总数达 128 个，包括 1 个本部宣抚班、2 个军指挥班、5 个师团指挥班、113 个现地宣抚班、3 个联络班和 4 个施疗班，宣抚员人数增加到 1556 名；工作范围也进一步扩大，胶济线和陇海线沿线一带被纳入其中。

1939 年，随着华北日军"治安战"的进一步开展，宣抚班班员得到了进一步补充，3 期采用人数达到了 1950 名。宣抚班的数量也在不断增加，尤其是现地宣抚班，从 2 月末的 113 个增加到 9 月末的 196 个。① 从宣抚班在华北各省的配置分布情况来看，河北省配置的宣抚班最多，共 65 个县有日军宣抚班，其次是山西省，共计 51 个县有宣抚班，第 3 位的是山东省，共计 50 个县配有宣抚班。② 这期间，从日本国内招募的宣抚员也开始补充进华北各地的宣抚班，而初期作为宣抚班骨干的满铁系工作人员则被逐步替换。

1940 年，由于"新民会"在华北沦陷区的势力活动逐渐往基层渗透，在一些职能方面与宣抚班存在一定重合，并且宣抚工作本身耗资巨大，特别是占用相当大的部队经费。所以，日本军政当局最终将宣抚班解散，其中的工作人员进入"新民会"，继续在华北从事殖民活动。

二、宣抚班在华北地区的主要工作业务

在日本华北方面军宣抚班本部制定的《宣抚工作指针》中，对日军在华北宣抚工作的目标有明确说明，其言宣抚之目标在于"确保军队出动地区内之交通、通信线，以期用兵作战之完善，并收抚民心以培养再生中华民国建设之基干，尤其在战斗区域内，要宣扬中国军队败退之真相，并使民众谅解皇军出动之本义及威力，培养由敬畏而亲和，由亲和而合作的气势，藉以提升军民合作、灭

---

① 「昭和 14 年」JACAR（アジア歴史資料センター）Ref. C11110459400、宣撫班小史（防衛省防衛研究所）

② 「昭和 14 年」JACAR（アジア歴史資料センター）Ref. C11110459400、宣撫班小史（防衛省防衛研究所）

党反共之实"①。从日军制定的宣抚工作目标不难看出，配合军队作战和安抚民众是宣抚班的主要工作业务，而这一工作的终极目的在于从行为和思想上分化离间民众与中共等抗日坚定力量的关系，达到其巩固在华北殖民统治的目的。杉山部队本部宣抚班1939年制定的《宣抚工作业务概要》，则更能细致直观地阐明日军宣抚班在华北地区的主要工作业务。

宣抚班的第一个工作业务是配合军队作战，又分为作战能力、确保兵站、警备能力和破坏敌方组织4项。② 其中，作战能力细分为情报搜集；敌情和地形侦察；带路和翻译；配合军用铁路、道路桥梁、堤防、飞机场通讯线路的修理构筑工作；配合武器弹药的补给搬运；运送战场伤亡人员；打扫战场；斡旋军队住宿；调配军粮和马粮；斡旋调配军用车马和苦力；搜集军用枕木、钢材、木材等方面。确保兵站工作细分为爱护村的组织指导工作；确立和强化爱护村的情报网；砍伐铁路两侧的高杆植物并禁止种植；配合新建和修补铁路道路桥梁堤防和飞机场等方面。警备能力细分为组织指导训练警察队；组织指导训练自卫团和保卫团；收买利用红枪会、大刀会、青帮、红帮等特殊团体；组织指导训练剿共义勇军；搜捕检举潜伏的抗日分子和土匪；开展匪民分离的清乡工作；收缴民间武器等方面。破坏敌组织工作细分为开展对敌宣传战，使得敌军丧失战斗意志；破坏国共两党党组织，并着手开展归顺和怀柔工作；劝告敌军投降；通过宣传扰乱敌军驻地民众的民心；在敌失陷地区组

---

① 「宣撫工作の目標」JACAR（アジア歴史資料センター）Ref. C11110457600、宣撫工作指針（防衛省防衛研究所）

② 「1、軍に対する協力」JACAR（アジア歴史資料センター）Ref. C11110459800、宣撫班小史（防衛省防衛研究所）

织训练指导亲日团体，并进行积极斗争等。

宣抚班的第二个工作业务是民众宣抚，民众宣抚工作又分为民众的镇定安抚工作、新政工作、新生工作、救助抚恤工作、保护奖励工作、经济工作、教育文化工作、团体指导等八项。[①] 其中，民众的镇定安抚工作细分为阐明"皇军"的本意；抹杀敌方的宣传痕迹，并张贴各种布告和海报；劝说避难民众返乡；开设妇女避难所；开设民众问事处；户口调查；开设各种治安会议；对不稳分子进行惩戒善导；对民众实施慰安娱乐等方面。新政工作包括在各府县市指导成立治安维持会；指导确立县市村制度；重新恢复县政工作；开展新政府护持运动等方面。新生工作包括阐明事变的真意；开展剿共灭党工作；开展新民主义普及工作；开展东亚新秩序建设工作等方面。救助抚恤工作包括避难者和贫困户的救济；开设避难民收容所；开设免费诊疗所并进行巡回施疗施药；介绍工作；开设福利院等救济机构；开设民生工厂让劳动力就业；斡旋避难民众返乡；斡旋外出务工人员等方面。保护奖励工作包括保护管理住户家的房屋和财产；发放良民证；保护正当职业者；表彰善行；救援保护匪袭村落；开设避难所；奖励普及日语；奖励普及植树爱林等方面。经济工作包括结成并指导各种经济组织；结成并指导物资对策委员会、灾区复兴委员会；组织指导商会和农会；取缔旧货币，联合准备银行券和军票的流通工作；促进开办商铺和工场；重开市场；重开金融机构；斡旋匮乏物资，促进滞销货物销售；配发优良种子；指导帮助良种播种；对敌经济封锁；应对失业；统制物价等

---

① 「宣撫工作業務概要、昭和 14 年、杉山部隊本部宣撫班」JACAR（アジア歴史資料センター）Ref. C11110459700、宣撫班小史（防衛省防衛研究所）

方面。教育文化工作包括结成指导各种教化组织；结成指导思想领导组织；开设普通学校和日语学校；发行各种报纸、教材、戏曲、小说等刊行品；破坏抗日教育，没收抗日教材；监督指导重开邮政局；指导电影等民众娱乐活动；推进实施新生中国纪念事业；开展生活改善运动；开设卫生机构指导防疫事业等方面。团体指导包括组织指导训练青少年队；组织指导训练妇女会；组织指导训练家老会；组织指导训练自卫团、保卫团；铁路爱护村相关工作；拉拢利用红枪会、大刀会、青帮、红帮等秘密结社；拉拢利用宗教团体；组织指导教育协会、商会和工农会等方面。

宣抚工作的第三个业务是对象调查，对象调查工作共分为一般调查和特殊调查研究两大类。① 一般调查包括户口调查；耕地面积调查；铁路、道路、河流、运河、桥梁、机场调查；主要农作物调查；军需资源调查；家畜家禽调查；汽车、马车、人力车情况调查；官署情况调查；警察组织情况调查；自卫组织情况调查；民间持有武器情况调查；学校调查；医疗机构调查；邮政通信情况调查；官营民营工厂调查；宗教情况调查；慈善机构团体调查；秘密结社调查；课税调查；物价、地价调查等方面。而特殊调查研究则是针对中共等抗日力量的情报搜集，主要包括敌军事政治组织、政策宣传调查研究及对策；共产党、国民党以及其他抗日团体的组织活动调查研究对策；各种秘密结社的研究对策；中国社会实体研究等方面。

关于对中共等抗日力量的情报搜集和破坏，《桑木兵团密探捕

---

① 「3、対象調査」JACAR（アジア歴史資料センター）Ref. C11110460600、宣撫班小史（防衛省防衛研究所）

获队使用的经验》中曾提到日军为破坏我方地下工作，特意成立一支密探捕获队，来抓捕地下交通员，侦知民众的思想动向。根据这份档案的记录，日军从部队中选拔了那些有警察工作经历，以及富于果敢机智的士兵组成了密探捕获队，队员身着便衣，配备手枪，以自行车为交通工具。① 这支密探捕获队主要负责侦察敌情和民众动向两方面的内容，敌情主要包括：（1）系统以及行动来去的方向和场所；（2）敌方的兵力、编成、装备、番号和指挥官姓名；（3）敌方的服装、兵器、弹药情况；（4）联络组织、联络员的住所和姓名、行动组织等四个方面的内容。民众动向主要包括：（1）对日军以及日军设施的态度；（2）对新政权的态度；（3）思想彻底的程度；（4）通匪的情况；（5）特殊的习性以及结社情况；（6）自卫团爱护村的情况；（7）生活状态等内容。他们会从保卫团员中选拔出成绩优异者，布下秘密侦查网，探寻搜索地下工作人员和密探的住址，利用夜间实施奇袭抓捕。此外，还会选择多数农民通行的时机，扮成农民，将正在进行宣传的地下工作人员抓捕；或乔装打扮成我方地下交通员，欺骗农民，向他们打听地下联络员的住址以及八路军的动向。

三、宣抚班在冀中地区宣抚工作探微

《治安工作经验收录》是日本华北方面军于 1939 年 6 月编写的阶段性"治安战"工作总结，主要收集了华北各地部队的"治

---

① 「桑木兵団、密偵捕獲隊利用の経験」JACAR（アジア歴史資料センター）Ref. C11110490500、治安工作経験蒐録、昭和 14 年 6 月中旬（防衛省防衛研究所）。

安作战"经验，以广泛为各部队相互参考。① 《治安工作经验收录》的相关内容反映了日军在华北各地宣抚班的工作状况，如果说《宣抚工作业务概要》等档案是宏观反映华北日军宣抚工作内容的资料，那么《治安工作经验收录》则是从微观视角考察华北日军的宣抚工作实态的重要资料。其中，《桑木兵团冀中地区内数县的工作》总结了宣抚班在望都县、满城县、徐水县以及高阳县等地的工作情况，从中可以分析华北日军宣抚班在冀中地区从事宣抚工作的内容和特点。

望都县隶属于保定，位于北京、天津和石家庄的三角中心地带。1937 年，日军占领望都县，国民政府的官员和军队望风而逃。1938 年，中国共产党领导下的望都县抗日民主政权成立，隶属于晋察冀边区第二专署。日军占领望都县期间，当地宣抚班的宣传、宣抚工作主要有以下 9 点：

（1）组织巡回工作班在县城附近的爱护村进行宣传宣抚活动。

（2）印发归顺劝告书在完县和唐县一带散发。

（3）年末之际向民众发放生活必需品，不时为其治疗发放药品，并向他们散发报纸和各种宣传单、印刷品。

（4）在城内城外设立宣传栏用于宣抚宣传。

（5）东亚新秩序运动周期间在城墙上书写"建设东亚新秩序"标语，在各城门高挂新五色旗。

（6）向小学的儿童发放糖果等慰问品。

（7）让老人去看戏并为其提供食物，向大众提供宣传慰安。

---

① 「治安工作経験蒐録、第 1 輯、昭和 14 年 6 月中旬、杉山部隊本部」JACAR（アジア歴史資料センター）Ref. C11110481600、治安工作経験蒐録、昭和 14 年 6 月中旬（防衛省防衛研究所）

（8）青年训练所配发所旗，每位学员配发胸章，妇女会配发会旗，各爱护村配发腕章，以致力于强化团结。

（9）对表现优秀的爱护村进行表彰，促进他们积极配合军队和县机关。①

满城县同样隶属于保定市，1937 年 9 月 20 日满城国民党军败退，时任满城县长李凤石弃城而逃，次日满城县沦陷。宣抚班在满城县的宣抚工作主要分为宣传方针、宣传方法、经济宣抚和青少年宣抚教育等方面。

在宣传方针上，满城县的宣抚班认为，中国国民性中浓厚的个人主义和事大主义色彩，加上作为宣传对象的农民普遍知识匮乏。因此，在对其进行宣传的时候，文字的效果不如传单，传单的效果不如图画，图画的效果则不如演讲。而且，演讲必须要向民众归纳实际利益，巧妙地诱惑引导其中的利害关系，以达到宣传的效果。

在宣传方法及时机的选择上，满城县宣抚班主要依靠演讲、传单以及村长会议等各种会议场合，还有就是通过小学和青年训练所进行宣传。不仅如此，宣抚班在演讲中发现，向理解能力欠缺的农民进行演讲毫无疑问需要翻译，而为了取得更好的宣传效果，就要让翻译人员事先翻译好演讲内容，并理解透彻。宣抚班还认为，要针对农民能力低的特点，在演说中巧妙地利用雷同性。

在经济宣抚工作方面，满城县宣抚班主要采取设立春耕资金管理委员会，为个人提供信贷支持；奖励农民掘井；军队免费为农民提供厩肥，教授农民土地改良法；设立气象观测站；进行病虫害防

---

① 「桑木兵団冀中地区内数縣の工作に就て」JACAR（アジア歴史資料センター）Ref. C11110492600、治安工作経験蒐録、昭和 14 年 6 月中旬（防衛省防衛研究所）

治法指导，购置农药喷雾器；进行棉花统制，奖励家庭棉纺织工场等措施。

在青少年儿童宣抚教育方面，满城县宣抚班开设青年训练所，组织少年少女团。在儿童教育上，对儿童进行洗脑教育，试图让温和、亲切的日军形象入脑入心，教科书则全部使用亲日读本。①

徐水县位于保定城以北，1937年9月19日被日军占领。日军在徐水的宣抚班发现，当地"县民十有八九是没有上过学的文盲"，故而以文书的形式对他们进行宣传，就好比把金币扔给猫，没有任何价值和意义。基于此种考虑，徐水县的宣抚宣传工作主要采用了图画和语言等形式。在实际工作中，他们还总结出要根据时间和场合以及宣传对象的文化教育程度等选择合适的宣传方式，这样才能取得更好的效果。同时，在用物品推进宣传的时候，要非常留意一般民众到底想要什么，有哪些需求。总而言之，不管采用何种宣传方法，入乡随俗才能获得好效果。

关于招抚方面的经验，徐水县宣抚班认为，不管什么情境和场合，最为重要的是以真心和民众接触，要在民众失去耐心之前深入其灵魂，达到其目的。所以，在招抚手段方面，要充分考虑民众的喜好爱好，并加以满足。

在民众运动方面，徐水县宣抚班认为中国自古以来就是充满迷信和传统的国家，因此当地存在的风俗习惯，不管好坏，都不能急于打破和改变；若急于改变当地既有的风俗习惯，反而会激起当地民众的反感。

---

① 「桑木兵团冀中地区内数縣の工作に就て」JACAR（アジア歴史資料センター）Ref. C11110492600、治安工作経験蒐録、昭和14年6月中旬（防衛省防衛研究所）

在青年和儿童教育方面，徐水县宣抚班将工作重点放在精神教育上，并以普及亲日思想为目标。为达成这一目的，他们在实施日语教育的同时，还进行教员培训，打着陶冶思想和提升素质的旗号进行亲日洗脑。①

高阳县位于华北平原，位于保定东南部，北靠白洋淀，民国时期高阳的棉纺织业十分发达。1937 年 12 月 16 日，日军占领了高阳县城，对城内的纺织业造成了极大破坏。高阳县宣抚班在总结宣抚工作经验时认为，对看重实际利益的中国民众而言，最适合的宣传方式是做一些与他们的生活直接相关的现实工作，100 次宣传演讲固然可行，但也不能忽视给民众一把干面包的实际效果。诸如在进行青年训练的时候对他们实施治疗工作，对把握当地的民心来说是非常重要的。归根结底，开展工作最重要的是以民众的安居乐业为目标。

高阳县宣抚班还认识到在对民众宣抚工作中利用中国人的重要性。他们认为，高阳县公署设立的宣抚团也有对民众宣抚的责任，而且，他们在某些方面比日军宣抚班的宣传更有说服力。在民众运动方面，高阳县宣抚班于 1939 年 4 月 10—13 日举办了东亚新秩序建设运动大会，又在 5 月 10 日举办了高阳县附近治安道路竣工庆祝大会。宣抚班认为，举办庆祝活动与中国传统的风俗习惯有一定契合之处，能够起到俘获民心的意外效果，进而军队可以趁着民众沉醉于欢乐氛围之机，将调查之手伸向深处，探知反抗分子的活动，并努力加以扑灭。在儿童教育方面，高阳县宣抚班同样开展了

---

① 「桑木兵団冀中地区内数縣の工作に就て」JACAR（アジア歴史資料センター）Ref. C11110492600、治安工作経験蒐録、昭和 14 年 6 月中旬（防衛省防衛研究所）

日语教学和洗脑教育，试图抹杀青少年儿童的抗日意识，并通过现地教学等方法推进日语教学。

从宣抚班在冀中地区望都、满城、徐水和高阳4县的宣抚工作情况来看，各个宣抚班都对中国的传统风俗习惯以及中国人国民性的弱点有比较深刻的认识。实施宣抚工作时，注重入乡随俗、投其所好，充分利用了普通民众趋利避害的人性弱点，以小恩小惠来拉拢民众收买民心。在宣抚活动中，注重通过教育教化行为对青少年儿童进行洗脑，抹杀民众的抗日意识。

四、多方资料比对下的华北日军宣抚工作

《宣抚班小史》的序言中对宣抚班在日本华北殖民统治中的作用给予了高度评价，其言："事变爆发迄今已三载，华北建设宣抚与军方的治安肃正工作形影相随，取得显著健实的发展。即宣抚班为适应华北当下治安情势，除本部宣抚班外，其他皆完全配属于管下各军及兵团，分散配置于交通要冲、各县城主要都邑，或从军作战，致力于宣抚圈的扩大宣传。眼下宣抚势力圈伴随我军治安工作之进步，取得异常显著的发展，不断强压扑灭敌人的人民战线。如今华北全域已陷入激烈的思想战漩涡中。我宣抚班日益获得民众，取得显著成果。当地班员的志气日益旺盛，克服瘴疠，忍受风沙，取得军宣一体之成果。"[1] 但是，日军在华北宣抚工作的成效究竟如何，并不能尽信日方档案资料的记录，只有在多方资料的比对中，才能更接近历史真相。

---

[1] 「序言」JACAR（アジア歴史資料センター）Ref. C11110458300、宣撫班小史（防衛省防衛研究所）

《退想斋日记》是山西乡绅刘大鹏撰写的一部日记，刘大鹏生于 1857 年 6 月，卒于 1942 年 8 月，终年 86 岁，《退想斋日记》是他从 34 岁开始撰写，一直延续到其临终去世，前后历时 51 年。日军入侵太原正值刘大鹏的晚年，关于日军在刘大鹏所在晋中地区的宣抚活动，他在日记中也有几处记录，笔者将其摘录于下，从中我们可以看到一个不同于日方档案记录的宣抚面相。

（1938 年）三月十六日，日军近两三天到处散放传单，自夸日军占据中国之省会各地方，俾人知其军力阔大，似与华人亲善，而望华人中心悦而诚服其举动也。[1]

（1938 年）四月十四日，到时初开会，武县长请日本人演说，会场上面坐教育厅顾问，系日人。又一人为华人，再系宣抚班之日人十二名。日人演说者多，虽有翻译，通话也不真。历时既久，方才散会，予以为此会有何益处？

（1938 年）闰七月三十日，驻扎晋祠镇之日军，今日上午在祠内开"反蒋反战拥护促进大会"。招集邻近各村民众及各小学之男女学生均到祠内与会，日人在水镜台上演说，并有土人参预其说，与会者约有四五百人。（中略）会罢临散，大人给盐一瓯，童孩给饼干一枚。凡预会之人无论男女老幼每人皆予。

（1938 年）九月初八日，上午日军在晋祠开会，予往观之，乃系开日军陷落汉口庆贺之会。到会者童子为多，男丁数稀少。老妪少婶更少，日人登台演说之词皆不懂。

---

[1] 刘大鹏遗著，乔治强标注：《退想斋日记》，北京师范大学出版社 2020 年版，第 474 页。

（1939年）五月初一日，若我山西一省，日军侵占殆将二年，名曰日本得了山西，只是汉奸为利，出仕作官，而群黎百姓非但不心悦诚服，抑且奋恨日人骚扰闾阎。

（1940年）三月二十三日，"庆祝中央新政府成立"开会三天，不见于民有益，而见开会费民财甚巨，乃反民受其害。

从刘大鹏日记的记录来看，当地中国民众对日军的宣抚活动几乎毫无兴致，而且，由于语言不通，日本宣抚班通过演说进行宣传拉拢民心的形式其效果甚微，"历时既久，方才散会，予以为此会有何益处"？更能看出刘大鹏对举办这种活动的质疑和厌烦。从"会罢临散，大人给盐一瓯，童孩给饼干一枚。凡预会之人无论男女老幼每人皆予"的记录来看，当地民众之所以出席宣抚班举办的一些活动，更多是看重一些实际恩惠，并非真心投靠日军，"群黎百姓非但不心悦诚服，抑且奋恨日人骚扰闾阎"，更是表明了三晋百姓对日军的痛恨之情。所以，日军在华北的宣抚活动虽然用尽浑身解数试图拉拢和收买民众民心，但是这些举措难以掩饰日本侵略华北、殖民华北的事实，更不能得到华北民众的真心支持，只能最终走向失败。

An Analysis of the Working Data of the Japanese "Xuanfu Ban" in North China during the Anti-Japanese War

Xu Yifei

Abstract：After the Japanese army occupied North China, in order to eliminate the fear and distrust of the Japanese army by the people in the enemy-occupied areas, the propaganda and pacification team was organized to carry out a series of propaganda and pacification work, in order to win the hearts and minds of the people in North China and infiltrate the forces into the grass-roots society throughout North China. The archives of the Japanese army's propaganda and pacification groups in North China published by the Japan Asian Historical Data Center reveal the historical process of the Japanese army's propaganda and pacification groups in North China in the name of propaganda and pacification in 1937—1940. However, the position issues in the Japanese archives need to be carefully screened. Its content contains elements that whitewash the colonial nature behind its pacification. It needs to be compared with multiple historical materials to get closer to the historical truth.

Key words: Xuanfu Ban; Enemy-occupied areas in North China; public security war; popular support

雄安地区植物类药物的历史与现实

杨小敏①

摘要：历史上雄安地区是连接农耕文明和游牧文明的缓冲地带，植物类药物资源比较丰富且具有鲜明的药食两用特征。明清以前，该地区有明确记载的植物类药物至少 25 种，主要属于本草类别的中下品。明清以后，该地区尤为常用的植物类药物有 10 余种。这些药物在实践中具有比较稳定的性状特征和配伍治法，以应对咳嗽、虚损、肿胀、头痛等病症为主，不仅是当地普通民众应对疾痛的重要资源，也是地区药物多样化利用的物质基础。雄安地区未来医药资源利用应当不断提升药物利用水平、创新药物推广方式，构建以药物研究为主、种植为辅，建立医药金融中心的多层次布局。在空间利用方面，大力倡导精细化种植和改良药物种类，适当增加具有地区代表性的观赏性植物药景观，全面实现新区规划纲要中的空间布局意象。

关键词：雄安　植物类药物　历史　现实

---

① 杨小敏，历史学博士，河北省社会科学院历史研究所副研究员。

雄安地区处于冀中平原腹地，以低海拔平原和洼地为主。当地虽然有海河平原上最大的湖泊白洋淀，但从总的生态系统来看，区域周边近80公里范围内至今仍以耕地为主，缺少森林植被等大型生态斑块或生态源地。① 作为连接农耕文明和游牧文明的缓冲地带，历史上的雄安地区长期被赋予军事政治定位，地区资源的开发利用情况在一般史料中少有记载；但在历代经典本草文献中，雄安地区植物类药物资源则比较丰富，并具有鲜明的药食两用特征，其中不仅有林中的桑梓松榆、水中的莲藕芡实，还有喜阴的人参蔓菁、耐旱的苁蓉知母，等等。在史学研究领域，学者关注较多的是该地区的政治军事、边地贸易、文人思想等问题，在地区医药发展史方面的考察尚有薄弱之处。由此，围绕当地药物种类进行讨论，是进一步理解雄安地区资源利用基础和现实发展的必要途径。

一、明清以前雄安地区的植物药概貌

雄安地区在历史上的经略地位，起源于春秋战国"赵北燕南"的基本格局，发展于唐末五代"河朔三镇"的幽燕割据，稳定于明清以后的畿辅重地。虽然区域下辖州县在不同时期几经变迁，但在本草文献中主要以幽州、易州、安州、河间等地域名称，或以北人、河朔人等主体称谓的相关记载进行描述。

秦汉至隋唐时期，雄安地区距离政治中心关中（今陕西）较远，属于边界一带，药物垦植及开发利用以原生态药材为主。唐以前，本草书籍中幽州（今燕山一带）、河间（今河北中部）等地的

---

① 匡文慧、杨天荣、颜凤芹著：《河北雄安新区建设的区域地表本底特征与生态管控》，《地理学报》2017年第6期。

记载，基本反映了雄安地区的原生态植被面貌。《神农本草经》《本草经集注》《名医别录》记载幽州有牛舌草（车前草）、爵耳（苍耳）、雁头（鸡头实）、雀瓢（芄兰）、莽草，河间郡有云实、牡荆实、蔓菁、玄参（元参）等。这些植物药大都源于食物，是典型的药食同源的药材种类，具有中国古代医药发展雏形时期的阶段特征。唐代以后，该地区的药材品种逐步增加，并以野生采摘为主。在《新修本草》中，安州（今安新）有山楂、幽州有雀瓢（芄兰）和莽草。在《千金翼方》中，幽州还有人参和知母。河间郡除了云实、玄参、牡荆实，还有龙葵、水苏等药物。同时，《本草拾遗》《本草图经》中还描述木笔花（辛夷、紫玉兰）已经从长江流域迁至黄河流域，既可入药又供观赏，越来越受到北方人的喜爱。但在魏晋隋唐的北方药物中，其他地区所产的雄黄、大枣、防风、甘草等才是"北药南流"的代表。[①] 不过，雄安地区最初药物资源的开发利用还比较有限，加之其在汉唐之间的政治地位不高，当地常见的玄参、牡荆实、蔓菁、芄兰、莽草、云实等药物是人们从池边、平原、丘陵或山坡灌丛中就地取材、自觉利用，因此对其他区域影响并不大。至唐末五代，地方割据，"河朔"一词既表现出三镇的政治独立性，也成为本草文献中描述该地域的常用名称，其药物资源逐步受到越来越多的关注。《本草衍义》中记载菰根（茭白），"河朔边人止以此苗饲马，曰菰蒋"。[②]《证类本草》中记载芜菁（蔓荆），"河朔尤多种，亦可以备饥岁。菜中之最有益者唯此耳。常食之，通中益气，令人肥健"。河朔一带的芦菔（萝

---

① 陈元朋：《〈本草经集注〉所载"陶注"中的知识类型、药产分布与北方药物的输入》，《中国社会历史评论》（第12卷），天津古籍出版社2011年版，第205—212页。

② ［宋］寇宗奭：《本草衍义》，人民卫生出版社1990年版，第74页。

卜）"极有大者"，颇受医家青睐。① 还有当地的柳树②也经常被人
们用于养生自疗。

入宋以后，雄安地区位于南北政权对峙的边界地带，宋廷置备
军用粮草的需求高于日常药物。因此，当地植物药种类仅随着北宋
整体医药事业的发展而略有增加或稍有变化。《证类本草》记载中
新增安州有木天蓼；幽州有蘧（羊蹄草）、谷桑（楮实）、藕、翘
摇；上谷有杨梅。变化较大的是当地人参，其受产量影响和榷场贸
易挤压逐步失去常用药物地位。北宋政府在河北雄州（今河北雄
县）、霸州（今河北霸州）、安肃军（今河北徐水）、广信军（今
河北保定）等地设置榷场。辽朝的牲畜、皮草、草药等陆续进入
中原腹地。《证类本草》记载唐代的潞州、平州、泽州、易州、檀
州、箕州、幽州、妫州都产人参。宋以后，人参开始分类，"生上
党山谷及辽东，今河东诸州及泰山皆有之。又有河北榷场及闽中来
者，名新罗人参，然俱不及上党者佳。"③ 正是通过河北榷场的进
出口贸易，辽参的地位越来越高，朝鲜人参也借此开始占有一席之
地。以此之故，后来明人谢肇淛就认为："人参出上党、辽东者最
佳，头面手足皆具，清河次之，高丽、新罗又次之。"④ 总之，在
宋辽榷场设置以前，易州、幽州等地本来是人参的重要产地。但是
随着榷场贸易开展，辽参、清河（今吉林清河）人参和朝鲜人参

---

① ［宋］唐慎微：《重修政和经史证类备用本草》，中国中医药出版社 2013 年版，
第 1405 页。

② ［宋］唐慎微：《重修政和经史证类备用本草》，中国中医药出版社 2013 年版，
第 927 页。

③ ［宋］唐慎微：《重修政和经史证类备用本草》，中国中医药出版社 2013 年版，
第 363 页。

④ ［明］谢肇淛：《五杂俎》，上海书店出版社 2009 年版，第 229 页。

的影响越来越大，易州、幽州等地人参从此便很少被提及。

元朝建立后，大都（今北京）开始成为统一王朝的最高政治中心。保定路拱卫京师，其医药资源则以汇通南北、服务中央为主。其下辖的祁州（今河北安国）药市在明清时期逐步成熟，汇聚了西北、东北、华北等地药材辐辏至此、统一交易，影响颇大。而与远近闻名的"祁州药"相较，雄安地区的植物药类型主要属于本草文献记载的中下品，且当地环境位置深入中原腹里，不如祁州水陆交通便利。故而，雄安地区植物药在很长一段时间难以得到崇尚补益的明清士人的青睐，也很少被其他地区认识乃至认可。然而，这些药物资源为当地普通民众缓解病痛的实践价值却不容忽视。

二、明清时期雄安地区植物药的临床应用

从上文统计看，明清以前雄安地区有明确记载的植物药至少有25 种，如牛舌草（车前草）、爵耳（苍耳）、雁头（鸡头实）、雀瓢（芄兰）、莽草、云实、牡荆实、蔓菁、玄参（元参）、款冬花、山楂、人参、知母、龙葵、水苏、辛夷、菰根（茭白）、芦菔（萝卜）、柳、木天蓼、蘧（羊蹄草）、谷桑（楮实）、藕、翘摇、杨梅。结合考虑秦汉至明清雄安地区长期存在的植物药，则主要有十余种，如玄参、车前、款冬、莽草、芦菔、苍耳、莲藕、楮实、辛夷、蔓菁等。随着明清时期医药实践经验的积累总结，这些药物已经具备比较稳定的性状描述和配伍治法。参考中国历史上本草文献集大成者《本草纲目》①、最大的方剂书籍《普济方》② 和清代医

---

① ［明］李时珍著、钱超尘等校：《本草纲目》，上海科学技术出版社 2008 年。
② ［明］朱橚等编：《普济方》，人民卫生出版社 1982 年。

案代表性著作《续名医类案》①，我们可以对雄安地区主要植物药的实践应用进行以下汇总。

明清时期雄安地区 10 种常见药物实践应用汇总

序号	名称	《本草纲目》中"集解"节选	《普济方》中配伍入方的数量	《续名医类案》对症类型
1	玄参（元参）	本经上品。今用玄参，正如苏颂所说。其根有腥气，故苏恭以为臭也。	共 685 方。方剂应用数量前三位：眼目门（卷 71—86，120 方）、伤寒门（卷 130—147，56 方）、瘰门（卷 291—293，50 方）。	虚损；咳嗽；头；咽喉；咽痛；痘证；小儿科疹；外科时毒
2	车前	本经上品。[颂曰]今江湖、淮甸、近汴、北地处处有之。[时珍曰]王旻山居录，有种车前剪苗食法，则昔人常以为蔬矣。今野人犹采食之。	共 573 方。方剂应用数量前三位：眼目门（卷 71—86，245 方）、小便淋秘门（卷 214—216，75 方）、妇人诸疾门（卷 336—332，19 方）。	肿胀；淋浊；小便秘；秘结；小儿科痫；疳；外科悬痈
3	款冬	本经中品。[弘景曰]第一出河北……次出高丽百济，其花乃似大菊花。[颂曰]今关中亦有之。	共 298 方。方剂应用数量前三位：咳嗽门（卷 157—160，62 方）、喘嗽门（卷 161—162，56 方）、肺脏门（卷 26—28，35 方）。	喘；虚损
4	莽草	本草下品。[颂曰]今南中州郡及蜀川皆有之。木若石南而叶稀，无花实。	共 217 方。方剂应用数量前三位：牙齿门（卷 65—70，43 方）诸风门（卷 87—115，30 方）、头门（卷 45—50，25 方）、痈疽门（卷 283—290，25 方）。	无
5	芦菔（莱菔、萝卜）	菜之一[颂曰]南北通有，北土尤多。有大、小二种：大者肉坚，宜蒸食；小者白而脆，宜生啖。河朔极有大者。	共 203 方。方剂应用数量前三位：积聚门（卷 168—175，16 方）、水病门（卷 192—194，14 方）、脚气门（卷 240—245，12 方）。	肿胀；痰；伤寒；饮食伤
6	苍耳	本经中品[颂曰]今处处有之。[时珍曰]其子炒去皮，研为面，可作烧饼食，亦可熬油点灯。	共 164 方。方剂应用数量前三位：诸风门（卷 89—116，56 方）、牙齿门（卷 65—69，21 方）、诸疮肿门（卷 272—281，21 方）。	痿；痛痹；鼻；外科

---

① [清] 魏之琇编；黄汉儒等点校：《续名医类案》，人民卫生出版社 1997 年。

续表

序号	名称	《本草纲目》中"集解"节选	《普济方》中配伍入方的数量	《续名医类案》对症类型
7	藕（莲藕）	本经上品[别录曰]藕实茎生汝南池泽。八月采。[时珍曰]荆、扬、豫、益诸处湖泽陂池皆有之。以莲子种者生迟，藕芽种者最易发。	共156方。方剂应用数量前三位：诸血门（卷188—190，27方）、产后诸疾门（卷345—355，20方）妇人诸疾门（卷319—334，13方）。	疟；虚损；吐血
8	楮（楮实）	别录上品[别录曰]楮实生少室山，所在有之。陆氏诗疏云：今楮纸用之最博，楮布不见有之。医方但贵楮实，余亦稀用。	共156方。方剂应用数量前三位：眼目门（卷71—86，29方）、诸虚门（卷217—225，22方）、水病门（卷192—194，14方）。	无（《古今医案按》卷五噎膈）
9	辛夷	本经上品[宗奭曰]处处有之，人家园亭亦多种植。先花后叶，即木笔花也。	共72方。集中应用的门类是：面门（18方）。	头
10	蔓菁（蔓荆、芜菁）	别录上品[颂曰]芜菁南北皆有，北土尤多……河朔多种，以备饥岁。菜中之最有益者惟此尔。	共35方。集中应用的门类是：面门（卷8方）。	痉；头；目；鼻；外科

上表中的 10 种植物药，基本体现了雄安地区植物药资源的品级定位、实践应用等情况。具体来看，有五个方面的资源特征：其一，这些药物大多不具备唯一的地域标识，对生长环境要求不高，可生长在川谷、平地，或是池泽、水旁，有的药物甚至遍地可见，极易采收，具有鲜明的药食两用的特征。其二，排名前三位的植物药玄参、车前、款冬，配伍入方更加频繁。这当与三者属于中上品类型有关，反映了金元以后医家对毒性较小的药物更为青睐，也符合当地民众药食两用的习俗传承。尤其是玄参位居第一，易水学派创始人张元素就提出"玄参乃枢机之列，管领诸气上下，清肃而

不浊，风药中多用之"①。其三，按照植物药类型来看，这 10 种植物药列入草部 5 种、木部 2 种、菜部 2 种、果部 1 种，说明植物药多样、土壤适应力较好。这些药物在不具备广袤平原规模化种植的条件下，却是当时医家和民众药食两用的必然选择。其四，从临床应用来看，这 10 种药物的对症类型以咳嗽、虚损、肿胀、头病为主，说明这些病症在当地具有普遍性、持续性。这些植物药在民间社会应对当地病症的活动中已经积累了许多可贵经验，值得临床领域学者给予更多关注。其五，在日常生活中，这些植物药大都已经融入地区民众的生活和饮食习惯之中。车前、芦菔、莲藕、蔓菁等自明清以后还时常被作为食物补充来源。款冬、楮、辛夷则被视为观赏性植物。可以说，这些植物药已经是普通民众生活不可或缺的物种资源，为地区药物资源的多样化利用奠定了基础。

三、未来新区植物药的可行性利用

随着雄安新区建设不断推进，特别是中共中央、国务院在对《河北雄安新区规划纲要》的批复中指出，雄安新区要科学构建城市空间布局，努力在"起步区随形就势，形成'北城、中苑、南淀'的空间布局。要统筹生产、生活、生态三大空间，构建蓝绿交织、疏密有度、水城共融的空间格局"。这一规划，集经济、政治、文化、社会、生态文明建设于一体，彰显了新区规划的创新性和可持续性。如何创新产业体系、保障健康生活、营造绿色生态，已成为雄安新区各行业发展联动的主线。总结历史经验、创新规划

① ［明］李时珍著、钱超尘等校：《本草纲目》，上海科学技术出版社 2008 年版，第 505 页。

发展，通过考察雄安地区植物类药物的分布和利用情况，将有助于我们不断优化新区未来的医药发展布局以及创新药物推广方式。当前新区发展规划，既需要绿色布局，也需要创新经济。依据规划目标，未来新区将形成"北城、中苑、南淀"的空间布局，统筹好生产、生活、生态三大空间。参考地区药物利用发展史，我们应当尝试寻找多样化发展路径。

第一，在"北城"，建立医药金融中心，创新产业体系。一方面，雄安地区的本地药物大都已经融入民众生活，不得不说已在专业临床领域有所式微。若盲目打着复兴中药的口号，武断地扩大培育或引种其他地区植物药已经不合时宜。另一方面，当地区域附近已经有北方中药材的物流集散中心，即自宋代以后发展起来的祁州药市（安国）。若转嫁其他地区的优良产业，亦不符合雄安地区京津冀协同发展的规划初衷和雄安新区的设置宗旨和现实需要。从北方药材市场统筹发展来看，医药金融中心已经是当今社会整合药物资源、医疗器械、卫生保健的重要机构。而现在国内的医药金融中心较为成熟的仅有广州（深圳）、四川（成都）、山东（泰州）、河南（平顶山）等不足十处。目前，京津冀地区尚缺乏也亟须这样的金融平台，以充分发挥实体医药经济的潜力和活力。由此，未来新区便可将北京的技术研发资源、天津的对外交流平台、河北的药物生产基础统筹结合起来，创新地区经济发展模式。

第二，在"中苑"，规范种植、改良培育地区植物药，保障区域民众美好的健康生活。首先，提高当地居民的生产种植技术，增加套种、无土栽培植物类药物的品种和面积。比如玄参、车前、苍耳，都可以在集体经济内部协调土地资源，规范经济作物种植。其次，推广对初级产品分类包装及加工的做法，统一地区产品的大小和标识。比如莲藕、芦菔（萝卜）、蔓菁，应当让种植户自行完成采收摘择、分类标识的流程。这不仅可以提高种植户的经济收入，还能够不断培养和维护附近消费者对购买具有养生价值蔬菜的习惯和信心。最后，政府应当增加公益基金项目，选择恰当的地区植物药制成汤剂或饮品免费置于未来新区人流密集或工作集中区域，切实应对地区民众长期存在的亚健康状态或潜在疫情侵扰，让民众生活得更加健康、更有尊严。

第三，在"南淀"的园艺景观规划中，适当增加种植有益健康的观赏性植物，营造具有地区标识的绿色生态。自 2017 年 11 月新区启动大清河片林一区造林项目以来，"千年秀林"工程正式拉开大幕。2018 年 6 月 25 日《人民日报》刊文"雄安新区营造近自然森林：每棵树都有'身份证'"，描绘了新区选用的树种丰富多样，均为适合当地的乡土树种，包括银杏、油松、紫荆等共 50 多种，大多为长寿的树木。不过在这些既有树林中，杨树约占九成。五年来，新区累计造林四十余万亩，很多造林斑块从最初的光秃秃幼苗，已经成为郁郁葱葱的风景林。2022 年 3 月 16 日《河北日报》刊文指出，当前新区的"千年秀林"已有经济林木、果树、景观树种等 2300 万余株，森林覆盖率由最初的 11% 提高到 32%。随着"千年秀林"工程的深入发展，尝试在错落有致的已有树林中搭配种植桑、楮、辛夷（玉兰）、款冬花、牡荆等药物性树木，当是新区又一片独特景色。尤其是在"北城"和"中苑"，应更多种植具有雄安地区名片的绿色植物。由此，透过一排排桑楮之树、一簇簇紫白玉兰、一片片芙蕖款冬，我们将能够更加接近于新区规划纲要中的"一方城、两轴线、五组团、十景苑、百花田、千年林、万顷波"的空间布局意象。

The History and Reality of
Botanical Drugs in Xiong'an Area

Yang Xiaomin

Abstract: Historically, Xiong'an area was a buffer zone connecting agricultural civilization and nomadic civilization. Plant medicine resources are relatively rich and have distinct characteristics of both medicine and food. Before Ming and Qing Dynasties, there were at least 25 kinds of plant medicines clearly recorded in this area, which mainly belonged to the middle and lower kinds of materia medica. After the Ming and Qing Dynasties, the area is particularly commonly used plant drugs have more than 10 kinds. These plants have relatively stable characteristics and compatible treatment methods in practice, mainly to deal with cough, deficiency, swelling, headache and other diseases. They are not only an important resource for local ordinary people to deal with disease and pain, but also the material basis for regional drug diversification. Therefore, in the future utilization of medical resources in the region, we should constantly improve the level of plants utilization, innovate drug promotion methods, construct a multi-level layout with drug research as the main part, planting as the auxiliary part, and establish a medical finance center. In terms of space utilization, we strongly advocate refined planting and improved plant species, appropriately increase the regional representative ornamental plant and medical plants landscape, and fully realize the spatial layout image in the planning outline of the New area.

Key words: Xiong'an area; Plant based drug; History; Reality

里社·药圃·赠序：
元初刘因诗文中的日常医疗世界①

董　琳②

摘要：刘因一生著述颇丰，仅存世的诗歌就有几百首，他的文学创作在思想上体现出"道"与"艺"的统一，内容上注重对现实社会的记述，多为以诗观世、抒发自身情感体验之作，对于研究生命生活史具有较高的史料价值。通过刘因诗文所呈现的金元时期河北地域乡村社会图景，有助于探寻元朝前期独特文化生态下医儒互动的实态，展现理学影响下崇文重教传统在基层社会逐渐渗透的过程，进而揭示元初北方知识精英传统与地域医学实践、个体人生史之间的紧密联系。

关键词：元初　刘因　日常生活　医儒互动

元初北方理学名儒刘因（1249—1293），生活在华北平原腹地的保定容城，也就是今天的雄安地区。自五代以后，这里一直是民族政权频繁更迭影响下的军事、政治核心区域。直到蒙古灭金，雄

① 本文为 2021—2022 年度河北省社会科学基金项目"医儒互诠视阈下的宋金元明清河北医学文化研究"（HB21LS007）、2022 年度河北省博士后科研基金"明清时期的基层治理与医儒互动关系研究"（B2022002054）、2020 年度国家社会科学基金重大项目"中国古代基层治理方式的变迁及其近代化转型研究"（20&ZD216）阶段性成果。

② 董琳，河北师范大学中国史博士后，河北省社会科学院历史研究所助理研究员。

州的战略意义才逐渐消退，但是社会秩序仍有待恢复，文教风俗有待复兴。正如刘因《里社图》诗中所写：赋薄徭轻复有秋，天恩帝力为谁忧？老盆醉杀村夫子，尽道今年好社头。乱后疲民气未苏，荒烟破屋半榛芜。平生心事羲皇上，回首相看是画图。①

刘因的存世诗文，虽不免流露出理学家对天下治乱、里社兴废、民众安危的深切关注，也生动真切地描绘了一幅元初河北乡村社会生活图景，提示史学研究将目光转向元代河北基层社会的日常生活。在对刘因文学作品，特别是诗歌散文解读上，本文借鉴包伟民《陆游的乡村世界》写作思路，以诗歌散文为史料，从其中记述的诸多医事活动出发，呈现刘因所体验和描述的元初雄安乡村生活。

一、诗文所述畿辅区域社会治理与医儒交游

里社作为一种县级政权以下的基层治理方式，其本义在于劝课农桑，实际发挥着乡村社会控制的功能。儒家理想的乡村社会，是建立"出入相友，守望相助，疾病相救，民是以和睦，而教化齐同，力役生产可得而平也"②的乡里组织，但在元代，北方和南方的乡里制度有着根本差异。金代北方乡村聚落多称为"社"，元代规定以自然村落为基础编定"社"，"凡五十家立为一社"，社制可视为一项基层制度，是王朝国家基层治理体系的重要方面。③元代北方地区的乡村社会，乡里的作用弱化，以村落为基础形成的"村社"建制发挥维持乡村社会秩序的功能。④不过，乡贤、儒士

---

① 〔元〕刘因著，商聚德点校：《刘因集》，人民出版社 2017 年版，第 329 页。
② 鲁西奇：《中国古代乡里制度研究》，北京大学出版社 2021 年版，第 4 页。
③ 宋宜昌、倪健中主编：《风暴帝国：解读世界历史上版图最大的蒙古帝国》，中国社会出版社 2008 年版，第 262 页。
④ 鲁西奇：《元代乡里制度及其实行的北南方差异》，《思想战线》2019 年第 5 期。

虽不承担监督管理职责，却极其关注地方社会的公共利益以及教化推行、慈善救济、灾疫应对等社会事务，是保证国家政策、机制在基层落实的主要力量。元代雄州地处京畿腹里，崇文重教、创立义学、以医传道等移风易俗的举措，是地方精英群体将理想秩序观转化为社会治理实践的内容。刘因《归云庵记》载：

> 易有乡曰"凌云"，乡有道庵曰"归云"，乡民刘用之所作也。用家有田千余亩，水碓二区，白金二千两。性薄于自奉而喜施予，乃并其居，筑老子祠，祠侧为环堵十余，客有学老氏之静者，延而居之，凡衣食皆给焉，使得一意于学，而无事相往来。如是者二十年版，其田财费以尽，而用亡矣，客亦散矣，今但有奉祠者数人而已。呜呼！用亦勤矣哉！……至元丙戌，用之女夫邓渊拜予，请纪石以旌其事。予问他所行状，曰："尝收癃老十余人，养之家终身焉。又通疡医，以药授病者，不责偿。"问用时环堵客，曰："往往以道术之名，亦有被徵车赐真人及师号者。"问今奉祠谁，曰："丈人时客崔徵士之徒也。"问筑祠始末，曰："今五十年矣。"问祠所里名，曰："沈也。"余于是念畴昔之经行，伤有志之不就，取老氏之旨，为"归云"之章，授今奉祠者。俾歌之，以为步虚之变焉。①

刘因对易州乡贤刘用之生平事迹的追忆，缘于刘用之女婿请赐行状一举，进而牵扯出刘用之的复杂身份，诸如乡贤、道士、疡

---

① 〔元〕刘因著，商聚德点校：《刘因集》，人民出版社2017年版，第418—419页。

医、施善者等不同社会角色，呈现了地方精英获得声名的路径选择。宋代以降，士人君子以"及物济世"为德，反映了怀才不遇或科举受挫的士子通过关注民生实现治国平天下理想的心态。金元易代，河北战乱频仍，科举尚未恢复，士子谋取功名更加困难，生活窘迫者多以幕僚、塾师、讲学、行医等关乎民心的职业维持生计，而刘用之这样的富民阶层，则为贫寒士子安身立命提供了关键的生计支持。一方面，体现了刘氏乐善好施、尊老养老、济急疗生的美德，另一方面，反映出医疗、慈善救助在基层社会治理实践中的作用。既符合古代精英文化传统中"以民为本"的价值追求，也实现了统治阶层"以惠民方式达到治民目的"① 的终极目标。

刘因诗文中的自我呈现，亦是其"遵道用世"人生观和生活图景的写照。他出身金朝儒门，元朝开国皇帝忽必烈统一全国之后，无由入仕，胸怀建功立业的强烈渴望，却无法施展政治抱负，至元二十九年朝廷下令征召，却以"身体病弱"为由请辞。不过，刘因虽隐居乡野、不仕元廷，却十分拥护朝廷劝课农桑、减免赋役的政策。他在《贺正》一诗中写道："秋禾夏麦总收成，徭役稀疏赋税轻。北疃南庄俱有酒，倒骑牛背绕村行。"② 从国家治理层面授田、减赋、赈贷，创造生产条件，是布衣平民设计美好生活蓝图的前提，是值得称赞和支持的举措。知识分子是古代基层社会治理中最为活跃的社会力量，得益于这一群体的积极努力和影响力，历史上的乡村社会治理体制机制日趋完善。身为一介书生，刘因并未插手地方社会公共事务，但也没有站在衙门县吏的对立面，凡是合

---

① 刘希洋：《医学方书与清代官绅的医疗卫生治理》，《郑州大学学报（哲学社会科学版）》2020 年第 3 期。

② 〔元〕刘因著，商聚德点校：《刘因集》，人民出版社 2017 年版，第 388 页。

理的举措，他都拥护赞成。就如《和饮酒》第十首所写：

> 十年小学师，一屋荒城隅。
>
> 饥寒吾自可，畜养无一途。
>
> 亦愧县吏劳，催征费驰驱。
>
> 平生御穷气，沮丧恐无余。
>
> 长歌以自振，贫贱固易居。①

刘因一生崇尚经术，抱有"修身治国平天下"的政治理想，虽因人格清高不仕元廷，归隐乡里，却有着超越物质生活困苦、以"天下""生民"为忧的精神境界。《次人望雨韵》写道："五月良田种不成，蓬蒿无雨亦青青，袖中惟有天瓢在，自是今年梦易醒。"② 他深知农业的收成并不是掌握在农民手中，除了统治阶层的剥夺，还与天气状况密切相关，因此对待开国之初国家治理中利于民生的举措，他常常怀有虔诚、恭敬之心，始终坚守儒家心系天下的济世情怀。《和饮酒》第十首写道：

> 人生丧乱世，无君欲谁仕？
>
> 沧海一横流，飘荡岂由己！
>
> 弱肉强之食，敢以凌暴耻。
>
> 优游今安居，骤然接邻里。
>
> 曲直有官刑，高下有人纪。

---

① 〔元〕刘因著，商聚德点校：《刘因集》，人民出版社 2017 年版，第 25 页。
② 〔元〕刘因著，商聚德点校：《刘因集》，人民出版社 2017 年版，第 392 页。

贫赢谁我欺，四庐安所止？

举酒贺生民，帝力真可恃。①

　　面对困窘的生活境遇，刘因总是以贫士自嘲。他的《和咏贫士》一首写到自己在生活拮据之下的心境："陶翁本强族，田园犹可依。我惟一亩宅，贮此明月辉。翁复隐于酒，世外冥鸿飞。我性如延年版，与众不同归。孤危正自念，谁复虑寒饥？努力岁云暮，勿取贤者悲。"② 又《付阿山诵》："十亩荒田不自耕，半空楼观几时成？人因遇困方言命，我为求奇反丧名。"③ 一亩宅、十亩田，表达了遵道者虽不能用于世，但远离喧哗，心存仁术，著书立言，亦是另一种方式的道德实践。而对其诗学思想产生过重要影响的先贤陶渊明，则是他安于隐逸生活的精神支柱。宋以降，儒士作为社会和政治精英，其社会角色和自我确认的方式均发生变化。④ 对于儒士来说，文学不仅关乎人心、治乱，当身处乱世，其口诛笔伐亦是引导人心风俗的关键，遂将"道统"和诗词文章融入学问之道的追求中。特别是面对国破家亡的残败景象，诗就不再只是用来宣泄私人情感的媒介，而能达到警世励俗的效果。这一特征在《送国医许润甫还燕》一诗中有所体现：

　　　燕赵豪杰窟，马迁曾此求交游。

　　　即今劲气压河朔，人物杰出巀然雄九州。

---

① 〔元〕刘因著，商聚德点校：《刘因集》，人民出版社 2017 年版，第 27 页。

② 〔元〕刘因著，商聚德点校：《刘因集》，人民出版社 2017 年版，第 35 页。

③ 〔元〕刘因著，商聚德点校：《刘因集》，人民出版社 2017 年版，第 303 页。

④ 〔美〕包弼德著；刘宁译：《斯文：唐宋思想的转型》，江苏人民出版社 2000 年版，第 25 页。

燕南子许子，胸盘星斗横高秋。

穷则良医达良相，古人须向今人求。

万里黄云马上家，归来泪满银貂裘。

民病未苏国支柱，勿以一身戚，而忘天下忧。

古来奇士重义气，把臂一语肝胆投。

君能搜我胸中磊落之奇才，我亦为君写我抑郁之幽怀。①

当朝御医许国祯，博通经史，精于医术，为人忠直，敢于谏言，深得忽必烈赏识。许氏家族以医学为"三世之学"，无论学问还是节操，都堪称儒者典范。名医与儒士的交游，使其不自觉地接纳儒家格物致知的精神，将医学视为格物穷理之一端。刘因对许国祯的褒扬，还流露出对胸怀天下之士的钦佩，他认为士风是维系社会秩序和人心风俗的重要支柱，不论身体羸弱还是性情怯懦，都不妨碍士人在天下危亡时身当重任的能力。而文风不仅能够引导和改变士风，也可以振作人的精神意志，儒者著文的目的是宣扬教义，树立以儒家伦理为典范的价值标准，既体现为承平之世的"后天下之乐而乐"，又体现为乱世之时的"先天下之忧而忧"。

二、关于疗病养疴的文学书写与躬锄药圃

刘因曾在《和饮酒》第十一首中描绘他的隐逸生活：

士穷失常业，治生谁有道？

身闲心自劳，齿壮发先老。

① 〔元〕刘因著，商聚德点校：《刘因集》，人民出版社 2017 年版，第 358 页。

　　客从东方来，温言慰枯槁。

　　生事仰小园，分我瓜菜好。

　　指授种艺方，如获连城宝。

　　他年买溪田，共住青林表。①

　　身闲心劳是对当下处境和自身人生境界的最好诠释，刘因的多篇诗文中表达了在生命修养上的身心体认，其中许多细节之处的记述，透露出他对儒家道统的坚守，以及将儒家道德实践和个人生命修养统一起来的实践过程。他在《新居》中写道："雪拥闲门尽未除，小斋人道似禅居。年来日历无多事，只有求方与借书。"② 看起来闲适恬淡的乡居生活，只有求方与借书二事，恐怕也是一种夸张的描写，内蕴着儒家对"理"的深层反省，彰显了自我从物质的身体形态到精神的性情气质"希贤希圣"的境界回归。

　　习静修养是刘因所向往的生活方式，也起到转换心境、振作精神意志的作用。他深居简出，有时会到郊外塘坡采集野苣、茭白等野菜，也偶有士友拜访，送来鹿皮冠、枳术丸等稀罕之物，心有所感便赋诗抒发情怀。当与友人饮酒唱和，触景生情，亦因事寄兴，如以江汉白、蔷薇酒、地仙酒为题的几首诗，都有托物言志的效果。不过，最令刘因陶醉于其中的，还是友人营建的花卉园——"饮山亭"，他的多部诗作都取材于此。饮山亭中栽植着牡丹、芍药、蔷薇、萱草、木槿、蜀葵等花卉，游于其间就仿佛来到陶渊明笔下的世外桃源，幽静安逸，自得其乐。花园药圃入画入诗，是士

---

① 〔元〕刘因著，商聚德点校：《刘因集》，人民出版社 2017 年版，第 25 页。
② 〔元〕刘因著，商聚德点校：《刘因集》，人民出版社 2017 年版，第 109 页。

大夫文化圈中较为典型的一种修养方式和生活态度。① 刘因也在自家庭前菜畦中开辟出一席之地作为花园药圃，其间杂植花药，包括用于观赏的蜀葵、白菊、甘菊等花卉，山芋、石榴等可以食用的菜果，还用心栽培了枸杞、黄精、地黄、薯蓣等药材，不一而足。刘因诗词中有许多涉及医药养生的内容，描述自己躬耕于药圃、种药采药的情趣，检方制药、调摄养息的经验。不过，刘因栽置药园并不是以观赏吟唱为名，亦非往来交游的谈资，而有着对医药实际需求的一方面原由，因此，园中栽植多为家庭常备的普通药材，少见稀有昂贵的品种。《夏日即事》："迁疏争笑近清狂，多病筋骸可预防。久乏园蔬因种药，不留窗纸为抄方。"② 生动地表达了他对药园收成和药果疗效充满期冀。又有《冬日》："迁疏懒散百无能，半似田翁半似僧。制药就围煨芋火，检方聊趁剥麻灯。"③ 看似陶醉于山林之中，追求隐逸避世的生活境界和人生归宿，实则更为关注药果本身的物性，进而将自己的观感与省思融入对药物的文学书写中去。

　　刘因诗词文章的思想精髓承续唐宋古文革新精神，一方面，他追求"博"学，注重学问的丰富和多样，通过宾客宴饮、诗歌唱酬等士友间交游的主要形式，提倡闲逸高雅之"文"。所以，自身喜怒哀乐、动容、乏味等各种心境全可寓于诗文之中。另一方面，刘因认同苏轼的思想④，将文学作品视为圣贤容止的一种体现，将

---

　　① 冯贤亮：《河山有誓——明清之际江南士人的生活世界》，复旦大学出版社 2019 年版，第 92 页。

　　② 〔元〕刘因著，商聚德点校：《刘因集》，人民出版社 2017 年版，第 88 页。

　　③ 〔元〕刘因著，商聚德点校：《刘因集》，人民出版社 2017 年版，第 90 页。

　　④ 〔宋〕苏轼著；孔凡礼点校：《苏轼文集》卷十《六一居士集叙》，中华书局 1986 年版，第 316 页。

儒家价值观和自我评价标准寓于其中，以达到"修身明道变化气质"的价值追求。他的《观药炉自戏二首》写道：

> 无病不服药，此怀清更嘉。
> 欧阳或有道，韩子乞无瑕。
> 羸疾嗟予久，名方信彼夸。
> 回头谢鸡犬，何日是仙家？
> 地髓服仙草，黄精失采花。
> 征求遍亲友，炊爨螯樵车。
> 屡败从人笑，偶成容我夸。
> 侧闻童仆语，辛苦是仙家。①

在感慨医道难明、医药无力的同时，只好自嘲已经把性命交付于天公，听天由命了。刘因以病者身份对医道的诘问，隐含着颠簸困顿的现实环境下儒者对天人性命之道的思索，坦然地将内心矛盾挣扎的一面呈现于世人面前，不禁令人同情他的现实遭遇，哀怜他的精神苦难。

对刘因诗学思想和散文词风曾产生重要影响的陶渊明、杜甫、苏轼等，都有咏颂花药园圃的诗句流传于世，陶渊明爱菊如痴，杜甫草堂前的药圃，苏东坡的《小圃五咏》，都为他将医药情怀写入诗词散文之中提供了范本。宋以降，方书被赋予了仁政、教化功能，许多官员、儒士、医家热衷于搜集名方、编撰方书②，好善者

---

① 〔元〕刘因著，商聚德点校：《刘因集》，人民出版社 2017 年版，第 268 页。
② 韩毅：《宋代医学方书的形成与传播应用研究》，广东人民出版社 2019 年版，第 668—740 页。

之多自成必然。刘因躬耕于药园，检方制药，既是对解脱身体病苦的一种寄托，反映出强烈的现实诉求，也可以视为一种文化行为。他的《学东坡〈小圃五咏〉》一诗写到枸杞、地黄、甘菊、薯蓣、黄精 5 种药果，介绍了相关的药物知识和功效价值，回顾了以往儒士仙家的食用经验。刘因似乎对黄精有着特殊的情感，在多首诗作中都有提及，如《采药》"黄精著雨宜深斸"①，《赐韵答河间赵君玉见寄》"黄精已倩徐生斸"②，连如何采挖都十分讲究；且为其正名说："黄精晚得名，丹家贵朱草。籍藉仙经中，参术避华藻。"③ 在刘因看来，黄精既不像人参那样珍贵奢侈，也不是方士炼丹所必须的瑞草，但也有着长服可益寿延年的良好功效，因此更为身处社会下层的文学之士所钟爱。刘因诗中，谈及当时流行用黄精、地黄合酿地仙酒的风俗，平民百姓多用以强身健体；提到常服黄精可使人不思谷物饭食，是方士仙家的养生方法。总之，透过关于医药养生的文学书写，在将病痛经历与生活实况真切地呈现于世的同时，也阐发了自己在道德实践与身心修养上的体认与自省。

躬耕药圃，是将理想与现实交融的一种美好呈现，也是儒士将仁心仁德外化于物，使身心体认超越现实功利的一种路径。在对性命之原、万物之理的阐发中，刘因立足于世间万物的相互关系来认识人的本体，援引"取类比象""同气相求"的思维方法说明天地万物合于"气"的道理。他通过访寻名医、搜集验方、阅览方书等途径，积累了大量的医学知识，在对养生保健方法的认识上，推崇朱熹"以静为本"的主张，提倡通过"气"的修炼防病养疴。

---

① 〔元〕刘因著，商聚德点校：《刘因集》，人民出版社 2017 年版，第 110 页。
② 〔元〕刘因著，商聚德点校：《刘因集》，人民出版社 2017 年版，第 381 页。
③ 〔元〕刘因著，商聚德点校：《刘因集》，人民出版社 2017 年版，第 240—242 页。

此外，还试图运用中医学解读生命现象的"气论""阴阳"等概念范畴，阐发"由道观物"的可靠性。他在《读药书漫记》中写道："人秉是气以为五脏百骸之身者，形实相乎，而气亦流通。其声色气味之接乎人之口鼻耳目者，虽若泛然，然其在我而同其类者，固已吻焉而相合；异其类者，固已拂然而相戾。虽其人之身，亦不得而自知也。如饮药者，以枯木腐骨荡为齑粉，相错合以饮之，而亦各随其气类而之焉，盖其源一也。故先儒谓：木，味酸。木根立地中，似骨，故骨以酸养之。金，味辛。金之缠合异物，似筋，故筋以辛养之。咸，水也，似脉。苦，火也，似气。甘，土也，似肉。其形固已与类矣，而其气安得不与之流通也？推而言之，其吉凶之于善恶，亦类也。"① 在对药理的认识上，刘因遵循二程"仁者以天地万物为一体"之旨，认为个体生命不是纯粹孤立的存在，儒者对物性的认识中一定贯穿着身心感应，而只有对反映万物之理的规律和现象充分观察和体悟，并经过养德修身、省察自省、格物致知的实践之后，才能形成一套整体的生命秩序观。

三、关注医学知识的地域传承与赠序论医

儒者以天下为己任，良医以济世活人为职责，反映儒家正统观影响下的价值追求。"医以及物""医以济世"，是士人群体关心医药和乐于行医的一个动因。在中国古代历史上，有许多视医道为济众生人之道的文人士大夫，致力于收集验方、钻研岐黄之术，抱有将儒者学养融入医道的人文关怀。金元时期，范仲淹"不为良相则为良医"说广为流传，医者群体身份构成发生很大变化，最典

---

① 〔元〕刘因著，商聚德点校：《刘因集》，人民出版社 2017 年版，第 404—405 页。

型的特征就是出现了弃儒从医与尚医士人增多的现象，"以医传道"表达了儒医的积极入世心态。这一时期也是儒理与医理相互融合渗透的重要阶段，医林中出现四大医学流派，其中，北方医学以河间、易水学派为主流，将"伤寒学说"奉为圭臬，医学知识传承和授受的方式模仿儒家教育模式而设计，以《黄帝内经》、张仲景《伤寒论》为医学经典，强调研习医经、阐发医理，在祖述医典的基础上立方、用药。刘因《书示疡医》一文写道：

> 李明之尝言，《苏沈良方》犹《唐宋类诗》。盖言不能诗者之集诗，犹不知方者之集方也。一诗之不善，诚不过费纸而已；一方之不善，则其祸有不可胜言矣。①

李明之，即易水学派代表人物李杲。显然，儒医身份的李杲反对记诵成方的医学知识授受方式，指出学医者如不洞明阴阳、运气之理，体悟辨识药性、探究病原之妙，而一味迷信名方、验方，终究会造成庸医杀人的祸患。

刘因一生交游的范围，北自易州，南至真定，大体不出畿辅区域。儒医交结儒士，在元代京畿腹地蔚然成风。刘因的交游圈中，有御医许国祯、太医罗天益，有地方名医窦行冲、张国纲，也有道士身份的疡医刘用之、刘茂之等人。《疡医刘茂之诗卷》曰："炼心如石补天缺，炼心如泥补地裂。白蟆正饱丹凤饥，心能竹实亦能铁。"② 该诗中提到的刘茂之，是元初满城人，全真派道士，兼通

---

① 〔元〕刘因著，商聚德点校：《刘因集》，人民出版社 2017 年版，第 405 页。
② 〔元〕刘因著，商聚德点校：《刘因集》，人民出版社 2017 年版，第 265 页。

医术。此人曾两次治愈名儒郝经先父的疾患，郝经特此赋诗以表感激和赞扬之情，其中一句"我欲借君术，医国还虞唐"①，表达了汉族儒士渴望重建"斯文"的态度。刘因与儒医罗天益的交往最为频繁，曾校阅罗天益《医经辨惑》全书，还为其《内经类编》一书作序。罗天益师承李杲，是李杲晚年所收高徒，也是东垣学派在江南最富盛名者。谢观曾评价："罗天益《内经类编》实居张景岳《类经》之先，乃东垣学派集大成者。"② 虽是同乡，但罗天益较刘因年长，又有太医身份，因此在与罗天益的交往中，刘因表现出谦恭有礼的尊敬态度。《内经类编》序中写道：

> 苟不于其所谓全书者，观其文而察其理焉，则未有识其真是而贯通之者。今先生之为此也，疑特令学者之熟于此而后会于彼焉耳。苟为不然，则不若戒学者之从事于古方。而学者苟不能然，则不若从事古方者之为愈也。罗亦以为然。③

刘因肯定了罗天益《内经类编》对《黄帝内经》原旨的秉承，认为《内经类编》在知识脉络上继承和发扬了"伤寒体系"，对于医学知识谱系相承具有典范意义，强调了医学经典化和构建医宗道统的必要性。

在有关医承脉络的认识上，刘因试图从南北之分的视角构建北方医承。他指出：汉代以降能继承《内经》之旨要者，张仲景、

---

① 〔元〕郝经撰；秦雪清点校：《郝文忠公陵川文集》，山西人民出版社 2006 年版，第 37—38 页。

② 谢观著；余永燕点校：《中国医学源流论》，福建科学技术出版社 2003 年版，第 40 页。

③ 〔元〕刘因著，商聚德点校：《刘因集》，人民出版社 2017 年版，第 199—200 页。

王叔和之后，有唐代孙思邈、宋代钱乙，而近世能称道者则当属易州张元素。元代"儒林四杰"之一的虞集曾说："东垣有洁古老人，用药至详实，尝以固根本为重，非惟法当宜然，而亦可以救当时一偏之弊矣……近世乃有剿用其法以自夸不足，以深知刘君之旨而究其法，一切从事于苦寒疏利之剂，抵掌扼腕，以为神术。"①此中洁古老人即易水学派代表人物张元素，虞集指出他的"扶正攻邪"之法在江南被滥用，却无意间流露出元代医家关于医学南北之分的论争。② 这不只是江南医家热衷的话题，北方医家对此也早有阐发。如罗天益在请刘因作序时说："先师尝教予曰：夫古虽有方，而方则有所自出也。钧脚气也，而有南北之异。南多下湿，而其病，则经之所谓'水渍湿'与'湿从下受'者也。孙氏知其然，故其方施之南人则多愈。若夫北地高寒，而人亦病是，则经之所谓'饮发于中，跗肿于下'与'谷入多而气少，湿居下'者也。我知其然，故我方之施于北，犹孙方施之于南也。子为我分经病证而类之，则庶知方之所自出矣。"③ 表明儒医将医术视为经世之手段，其对南北医治问题的关注，反映出元代南北学术思想传播、流布背景下，北方儒者对南方理学思想的融通和转换，以及元初北方儒士以医传道的入世心态。

---

① 〔元〕虞集：《道园学古录》卷三十四《医书集成序》，商务印书馆1937年版，第574页。

② 梁其姿：《面对疾病——传统中国社会的医疗观念与组织》，中国人民大学出版社2011年版，第217—251页；李建民主编：《从医疗看中国史》，中华书局2012年版，第207—256页。

③ 〔元〕刘因著，商聚德点校：《刘因集》，人民出版社2017年版，第198—199页。

四、结语

元代雄安地区从政治、军事战略要地逐渐转型为拱卫京师的畿辅重地，并围绕水系格局建立起一套适应农业生产生活环境的生存之道，在此基础上形成独具燕赵区域特色的文化习惯和社会风气。元朝前期北方理学复兴，在畿辅区域发端于刘因，到元朝后期苏天爵形成"静修学派"，其学术思想在宋明理学发展脉络中处于承上启下的地位。但是事实上，在刘因的生平事迹中，除了理学家身份、隐士心态、文学贡献等方面，与医药相关的活动和思想也是值得研究的重要部分。因此，本文另辟蹊径，细致挖掘和解读刘因存世诗文中蕴含的丰富日常医疗生活讯息，以回溯刘因的人生史为线索展开，进一步呈现元初河北乡村社会日常生活状态。刘因的医论、药录，以及关于疗病养疴经历的记述，也在一定程度上从病者角度反映了文人士大夫在医疗行为上的自主性和能动性，是元初特殊社会环境下儒家生命体验的写照，为研究雄安地方史和医疗社会文化史提供了新材料。

不过，刘因诗文所记述的见闻和体验，并不是元代雄安乡村社会日常医疗生活的全貌，且许多观点、认识融合了理学家的价值标准，不可避免地散发出宣扬教义的意味，但也流露出北方儒士以"斯文"为正统的躬行务实精神。魏晋以降直至明末清初，江南文化一直处于汉族文化的优势地位，甚至成为文人士大夫想象和建构士人文化的模板，并深刻影响人心风俗之变。元朝灭南宋统一全国，南北文化亟待重整，作为礼义教化的传承者、道德规范的践行者，刘因有着鲜明的担当意识，重风骨气节和现实关怀，将儒家的仁心、仁德外化于医学之道，推动了医承在燕赵区域的延续和发展。刘因将自己收集验方、躬耕药圃的生命修养方式记录于诗文之中，通过文风引导和改变士风，以振作文人士大夫的精神意志，对于分析元代以降北方医学体系建构背后的文化源流具有重要意义。

Li -She YaoPu and ZengXu：
On the Ordinary Life through LiuYin's
Medicine Poetry in the Early Yuan Dynasty

Dong Lin

Abstract：LiuYin was a great philosopher writer and thinker in the early Yuan Dynasty. There are hundreds of surviving poems scattered in many references. His literary creation expressed the emotional experience while describing the reality, which highlight the unity of doctrines and arts, has historical value for the study of life history. The picture of rural society in Hebei through LiuYin's poetry is helpful to explore the reality of the interaction between medicine and confucianism, and further reveal the relationship between the tradition of northern intellectual elites, regional medical practice and individual life history in the early Yuan Dynasty.

Key words：the Early Yuan Dynasty；LiuYin；the Ordinary Life；the Relationship between Medicine and Confucianism

继承　兼融　创新

——京剧大师李少春艺术成就之基石

王小梅①

摘要：李少春是京剧文武老生第一人，是京剧历史上唯一文武兼优的表演艺术家。他继承余（叔岩）、杨（小楼）两派，奠定了其允文允武表演风格的基础；吸收其他京剧流派与其他剧种优秀的表演形式，兼融于自己的艺术风格，是其取得辉煌艺术成就的重要条件；创新改进京剧传统戏、新编历史剧及现代戏，是其为京剧艺术的发展作出的重大贡献。

关键词：继承　兼融　创新　李少春艺术成就

李少春（1919—1975），著名京剧艺术大师，京剧李派艺术的创始人。河北霸州人，出身梨园世家，工武生、老生、文武老生，允文允武。其表演艺术流派老生宗余（叔岩）派，武生宗杨（小

---

① 王小梅，河北省社会科学院历史研究所研究员。

楼）派，是京剧界文武兼备、不可多得的人才。其父李桂春（艺名小达子），是著名的南派演员。李少春幼年得其父教导，幼功极为扎实，博采广取，戏路宽广，勇于创新，虽然宗余、宗杨，但不拘泥成规，善于体察剧情，运用技巧刻画各类人物。文戏唱腔韵味清醇，表演细腻，身段优美；武戏长靠、短打皆精，开打迅疾干净，武功精湛；猴戏气度飘逸，身手矫捷，对武打套路多有创新。其常演老生剧目有《战太平》《空城计》《定军山》《断臂说书》《珠帘寨》《红鬃烈马》《打棍出箱》《宝莲灯》《击鼓骂曹》《洪羊洞》《打金砖》《打渔杀家》等。常演武生剧目有《挑滑车》《长坂坡》《两将军》《战冀州》《三岔口》《恶虎村》《连环套》《武松》《八大锤》《金钱豹》等；常演猴戏有《水帘洞》《智激美猴王》《闹天宫》《十八罗汉斗悟空》《五百年后孙悟空》等；新编、改编之代表剧目有《野猪林》《响马传》《将相和》《满江红》《云罗山》等；现代戏有《白毛女》《红灯记》等。

李少春艺术成就的取得，得益于幼时在家中受到的艺术熏陶与严格的庭训，得益于名师的教诲和自身的刻苦练习，更得益于他常年学习演出中养成的艺术修养，继承、兼融、创新是他取得辉煌成就的基石。

一、京剧文武老生第一人，奠定允文允武的表演风格

（一）老生余（叔岩）派老生艺术的继承

余叔岩是著名的京剧表演艺术家，余派老生创始人。余派唱腔的特点是刚柔相济、音色甜美、韵味醇厚、雄壮豪迈，细腻而流畅的润腔和纯正而富于变化的音色，把戏剧中的各种人物形象表现得淋漓尽致。

　　少年时期，李少春之父李桂春即请陈秀华教授李少春余派文戏，对余派老生戏有一定的基础。1938 年，李少春应天津中国大戏院之约，以文武双出的形式演出《战马超》《水帘洞》《击鼓骂曹》《恶虎村》《闹地府》《打渔杀家》以及《打金砖》《八大锤》而红遍天津。同年秋，又应邀赴京演出。9 月 26 日，李少春抵京，《新北京》以"李少春今午抵京"为题介绍了受欢迎的程度："梨园界数百人到站欢迎"①，27 日又介绍了李少春父子进京后的活动安排情况，文章副标题为"拜余叔岩为师正进行中"，"由沪上闻人多人，致函久已息影舞台的余叔岩，介绍李拜于其门下，到津后曾一再向余请示，余亦表示愿收为徒"②，表明李少春之来北京，演出之外，拜师余叔岩也是此行的重要目的之一。时京剧老生名家谭鑫培和杨小楼已相继去世。10 月 19 日，李少春在北平泰丰楼拜师余叔岩，当时参加拜师仪式的有梨园界尚小云、荀慧生等及银行界、新闻界代表 80 多人。自此，李少春登门入室亲聆余叔岩教诲，渐懂余派唱法的秘诀，学了《战太平》《定军山》《洗浮山》；听余叔岩说了《宁武关》《打渔杀家》《洪羊洞》《卖马》等戏。1938 年 12 月 3 日，李少春首演《战太平》，这是李少春拜余叔岩后所学的第一出戏。在新新大戏院首演，配演有袁世海、沈曼华、高维廉、慈瑞泉、陈富康、高富远。当日北京车水马龙，万人空巷，从北新华街的中央电影院，汽车一辆接一辆，一直排到西单。余叔岩也亲自到场观看。后遂以文宗余派而称赞于世。

　　（二）对杨（小楼）派老生艺术的继承

　　杨小楼号称"国剧武生宗师"，为武生全材，其念白之脆劲，

---

　　① 《李少春今午抵京》，《新北京》1938 年 9 月 26 日。
　　② 《李少春父子昨午抵京》，《新北京》1938 年 9 月 27 日。

神态之俊逸，表做之入化，扮相之英武，世无其匹。1938 年初去世。李少春拜师丁永利深入学习杨派"武戏文唱"的技法，而丁永利是当时公认的最好的杨派教习，通过师从丁永利，使得他在武戏造诣上颇具杨的风范。他塑造的猴王孙悟空的形象不仅傲视中国，且风靡世界，是对杨宗师"杨猴子"形象最好的继承与发展。

在继承了杨小楼的剧本基础上，李少春自创新编了一出新戏——京剧《野猪林》。从立意、框架、场景设置、情节的贯穿，人物的刻画，角色的唱、做、念都是李少春亲自构思、设计，费尽了心血，可以说这是他全身心投入的一部经典剧作，成为他的传世之作。《野猪林》是杨宗师生前与花脸宗师郝寿臣留下的代表作，李少春写《野猪林》，不仅熟读了《水浒传》，且对历史与现实、艺术与生活有着透彻的思辨与联想，对创作有着不同一般的目标与追求。他的林冲吸附着杨小楼的遗韵，也显露出同是他师尊的余叔岩的风神。他在《野猪林》里实现了他"文学余叔岩，武学杨小楼"的少年壮志。剧中林冲所有的唱、念、表演都细腻入微，尽显余叔岩的纯净与潇洒，又处处从人物出发，唱出愈加浓重而飘逸的韵味。林冲山神庙前一人歼灭无数杀手和手刃陆谦的武打，再现了杨宗师的威风豪气，体现了杨宗师武戏文唱、文戏武演、做（功）表（情）兼擅的特长，透视出人物内心的愤怒与焦灼，突出了林冲身手之矫健，身处险境面不改色，以少胜多游刃有余，将武打做成"美打"，予人赏心悦目的淋漓，而绝无武松之粗壮、史文恭之枭勇、黄天霸之狠毒及一般武生戏之勍力，将林冲此时此地的内心爆发全部融进他的刀声枪韵，顺着观众的期许，点燃了剧场的烈焰，诠释并升华了杨宗师生前留下的未竟之愿。

《野猪林》堪称中国京剧史上里程碑式的代表作，开启了京剧走向新时代的光辉篇章，铸成解放后中国京剧院（现国家京剧院）继承、改革、发展、创新的引航之旅，成为历代京剧人由衷缅怀、乐于效法却难以超越的传统经典和亿万国人永难忘怀的文化记忆。前文后武，不仅是林冲命运走向、性格发展、感情升华的需要，也是展现李少春作为文武老生全面技艺的需要。

李少春的《野猪林》及他后来拍成的同名电影已成为中国京剧及中国电影艺术片最负盛名、最为观众激赏的传统经典。而众多欣赏者、继承者、研究者对其又总有与对其他传统经典不同的体认与感悟即它的新鲜感、时代感，它的创新呈现与创新思维。

二、兼容其他京剧流派与其他剧种优秀的表演形式

（一）对京剧麒派的吸收与运用

麒派是由一代京剧宗师周信芳创建的南派老生的重要流派，京剧界常有"北有梅兰芳、南有周信芳"的美誉。对于麒派艺术，李少春对其有从学习麒派的"劲头""俏头"到深入探寻麒派"创造角色"奥秘的过程。少年时期，李少春就非常爱看周信芳先生的戏，"主要感觉到他表演得'有劲'"。在得到初步表演经验之后，李少春对麒派有了进一步的认识，即感觉周先生的戏有"俏头"：在表演时不仅有劲，而且劲头使得不快不慢、不早不晚，正在应当使劲的节骨眼上，无论唱、念、做，总是在观众要求有"彩"的时候出现，而作为一个演员，在表演中能掌握这种"俏头"是非常重要的。1961年12月16日，在中国戏剧家协会组织的拜师会上，李少春正式拜师周信芳，他学习周先生的素志却未曾放松，并运用于他的表演。

1948年，李少春在翁偶虹、郝寿臣的辅佐下，编演了《野猪

林》。此剧从构思创作到排练演出，充分展示了李少春在艺术创作中的卓越才华和高超技艺，体现了李少春在融汇杨派技艺、吸取余派、麒派风韵中奋力拓展表演艺术的突出成就。在"白虎堂"一场中，李少春吸收周信芳演出《大名府》的表演技法，运用甩发、翻滚、跪蹉步来表现林冲悲愤难抑的心情，而那倾吐林冲心曲的"导板"唱腔，亦是从麒派唱腔中化用而来，袁世海称之为"余味麒派"。

新中国成立后，李少春以更加高昂的热忱，连续不断地整理旧戏、排演新戏，坚持不懈地探求艺术发展，先后推出了《云罗山》《将相和》《虎符救赵》《宋景诗》《大闹天宫》《十八罗汉斗悟空》《响马传》《满江红》《灞陵桥》《赤壁之战》以及现代戏《白毛女》《林海雪原》《柯山红日》《红灯记》等一系列剧目，标志着艺术生涯进入全面发展的鼎盛时期，其戏路之宽、功力之厚、造诣之深，实为梨园罕见的"全能冠军"。这一时期，李少春在艺术创作上的建树，突出体现在深入剧情、体察艺理、倾尽心力塑造各种丰姿多采的人物形象，自觉地琢磨和刻画人物的内在精神和外在风貌，由此有所依据地选择表演方式，并决定技术的运用。正因为如此，李少春才能充分发挥唱做念打的综合能力，得心应手地将杨派、余派、麒派的艺术精蕴融为一体，集于一身，获得艺术创作的自由。1961年3月，李少春曾应《人民日报》之约，撰写了一篇具有美学价值的论文《堂堂胆气·耿耿丹心》，集中介绍了他在《满江红》中塑造岳飞形象的创作经验，有力地阐发了"深入生活、深入角色、深入人物内心世界是安排表演技术的基础和出发点"。其中，他曾述及借鉴和化用流派艺术的体验："用什么流派来表演？杨派？余派？还是麒派？这些问题在许多天内还是使我踌蹰难决。"后来，经过一番努力探讨，"逐渐把握了岳飞那种忠愤激烈，刚正不阿，把国耻君仇刻首铭心，为抗金事业不屈不挠的坚强性格，气壮山河的宏伟气魄以及在历史命运安排下，不可自解地走上悲剧道路，但仍不断斗争的精神。这正是岳飞在戏里所表现的最基本、最动人、最有特色并且贯穿始终的东西，也正是我体验角色思想感情，深入人物内心世界，从而塑造岳飞形象时所应着力掌握的东西"。由此"翻转过来，再考虑老前辈对这个角色的许多精彩表演，我发现了余派、杨派、麒派以及我父亲和其他前辈表演岳飞的神情气魄，甚至一哭一笑都有可借鉴之处。"①

由此可见，李少春深入学习，吸收和借鉴流派艺术，均是为了塑造人物所用，为了表达思想感情所需，以致日臻融会贯通而不露痕迹的化境。这也正是李少春"师法众长而自成一家"的可贵之处。1961年12月，在周信芳演剧生活60周年纪念之际，李少春和李和曾、徐敏初、明毓琨怀着挚诚之心，正式拜周先生为师。此时，李少春又写了一篇情辞真切、内涵丰富的文章《学习师门艺术·继承优秀传统》，坦然直言："在表演技术上，周先生所给予我的积极影响，更是深厚而久远的。"

李少春在回顾学习师门艺术的体会时曾说："过去，在我私淑麒派时，就经过多方体会，开始使自己角色的血管内，流动着周先生艺术的血液。今后，正式拜入了老师的门墙，更要使老师的艺术精神，闪烁于自己角色的形魄之内。"李少春在一生的艺术旅程中，不论是学习杨派、余派，还是学习麒派，都经历了艰苦的探求、钻研、融汇、实践，终于以博大的胸怀，拓展了南北艺术交流

---

① 《堂堂胆气·耿耿丹心》，《人民日报》1961年3月22日。

的通途，浑然一体地陶铸成刚健丰茂、清越隽美的艺术品格。这或许正是李少春虽未标帜立派而至今仍被人们广泛赞颂传扬的因缘，也是李少春在"继承流派、发展流派、突破流派"的艺业中所树立的一个典范。

（二）结缘石挥，出演话剧，吸收运用话剧表演艺术

李少春成名后，于20世纪30年代末40年代初，多次去上海公演。他思想活跃，为人豪爽，毫无旧社会梨园行中常见的旧习气和艺术上的门户之见。他平时喜欢听评书、摄影、看话剧。他和话剧演员石挥是好朋友，每次去上海公演，都去看望石挥，两人在一起谈生活、谈笑话、谈表演艺术。李少春后来的现代京剧创作与创新，在一定程度源自石挥等上海话剧演员的启蒙表演，取决于他的戏剧表演经验和生活体验。在上海，李少春曾看过石挥主演的《秋海棠》，十分佩服石挥那有声有色的表演，有时甚至被石挥逼真动人的表演感动得落泪。石挥的剧团排演话剧《林冲》时，李少春也去观摩学习。从人物的表演到整个剧情的安排，都留心揣摩，这为李少春后来排演新戏提供了有益的借鉴。李少春和石挥之间的深厚友谊，可称为菊坛上的一段佳话。有一次，他们联合京剧、话剧界的朋友们在长安大戏院共同演出《法门寺》，李少春饰赵廉，石挥饰刘瑾，白玉薇饰宋巧姣，史源饰贾桂，杨守一饰孙玉娇，陈锦、黄佐临等饰4龙套，上官云珠、白文等饰4宫女，曾轰动一时。此后，李少春看过石挥主演的《大马戏团》后，便请石挥做导演，自己和叶盛章领衔尝试演出了这个话剧。李少春还辅导石挥、张伐演出了《连环套》。在与话剧演员的交往中，李少春学习他们的艺术体验和形象表演，学到很多东西，在以后特别是新中国成立后的艺术生涯中，他都非常自然、不事雕琢地把话剧、地方

戏的表演技巧糅合在京剧表演，特别是新剧目的排演中，并收到理想的效果。

（三）对盖派艺术的学习与吸收

盖派是著名京剧表演艺术家盖叫天创立的武生艺术流派，属南派短打武生，其"武松"戏尤其精彩。李少春自幼观看盖叫天的表演，盖叫天经常演出的《三岔口》对其影响极大。我们现在所能看到的李少春演出的《三岔口》是短打武生的必修课，不只要求具备优秀的短打基本功，更重要的是要做到表演声情并茂，他的《响马传》《野猪林》等代表作也很好地运用了盖派艺术的技巧。李少春的短打，不拘一格，南北兼收，博采众长，成就其"活神仙"的名号，其中的"南"即指盖派。"我在幼小时，就喜爱盖老的艺术，也受其一定的影响。我觉得，盖老艺术的特点是端正磊落，特别是舞蹈动作，无论线条、角度、姿式，都是非常规矩、准确，我想，如果用盖派给武生开蒙，那一定会扎下扎实地道的基础，过去我没有向盖老学过戏，只是私淑盖派。"[1]

1961 年 6 月底，受中国京剧院的邀请，盖叫天先生到北京演出、传艺，9 月 4 日载誉南返。在京期间，盖先生除向首都观众和文艺界演出《武松打店》《英雄义》等剧目，还向青年演员传授京剧武生技艺。为了便于向盖老学习，中国京剧院等首都主要京剧团的十几个青年武生演员组织起来，学习活动由李少春、张云溪、张椿华主持。期间，李少春、张云溪拜盖老为师，在北京市人民委员会为盖老送别的宴会上举行了拜师仪式。自此，李少春正式成为盖叫天的弟子。

---

① 李少春：《学习盖派艺术的一些感受》，《戏剧报》1961 年第 13 期。

盖叫天在京期间，《戏剧报》专门组织了"笔谈盖叫天的表演艺术"栏目，发表于1961年第13期。李少春以《学习盖派艺术的一些感受》为题，作为栏目的开篇，总结了盖派艺术创作上的2个核心特点：一是生活，另一是艺术传统。他称赞盖派艺术"善于把生活和艺术两者巧妙地结合起来，作为继承和发扬传统、进行艺术创造的基础。他用真假结合这句话，概括了艺术和生活、继承和创造的辩证关系，既说明生活是艺术的源泉，又说明生活不只是艺术；既说明继承和掌握传统的重要，又说明要根据生活，重新认识传统，进而予以丰富发扬，但任何丰富和发扬，都不能完全抛开传统而另起炉灶"。这是在对盖派艺术充分理解分析的基础上所作出的科学认识。

三、为京剧艺术的发展作出重大贡献

在近30年的京剧舞台艺术生涯中，李少春饰演和创造了一百多个舞台艺术形象，演出近200个剧目。更难能可贵的是，李少春跨越新旧两个不同的社会，却始终能够顺应京剧艺术发展改革的潮流，在继承京剧传统艺术的前提下大胆地改进与创新，毕生都在不懈地追求努力。他跨文武老生、武生、猴戏、红生等多种行当，在传统戏、新编历史剧和现代戏的表演创新上，推动京剧艺术的发展上，都取得了重要成就。

（一）在传统戏方面的革新

李少春是一个极具创新意识的艺术家，这与他自幼生成的叛逆的乐于向新的性格有关。少年李少春随父亲练功和演出时，就偷改父亲传给他《打金砖》，将刘秀的盔头、唱腔唱词的韵脚乃至翻扑摔跌的技巧加以改变。

（二）以《宋景诗》为代表的新编历史剧的革新演绎

1952 年秋，中国京剧院创作排演了近代史剧《宋景诗》。京剧《宋景诗》由田汉、阿甲、翁偶虹和景孤血编剧，由阿甲、薛恩厚导演。剧本根据太平天国革命时期，山东黑旗军起义的事迹，从黑旗军领袖宋景诗率众造反，而后失败、诈降直到投奔捻军、杀死僧格林沁的历史事实改编而成。当时的演员阵容十分齐整，李少春饰宋景诗。李少春在表演上精益求精，有所创造。"别母"一场，李少春、李金泉演得很生动，把宋景诗与母亲的惜别之情表现得庄重、深沉，有很强的戏剧感染力。可以说，是全方位排演近代史剧的一次可贵尝试。在服装设计上，以清末服饰为依据，服装和演员的适应、表演都尽到了最大的努力，但还不完美。诚如李少春后来所谈，认为自己"没认识到清代起义军领袖的应有形象，没把握住人物言行举止的独特风貌，就从传统形式中沿用了大草帽、大斗篷、厚底、宝剑等造型……另一方面是没摸准吃透人物思想情感的变化，单纯从情节发展出发来穿插技术……其结果，创造半天，我还没认识他。"① 京剧《宋景诗》参加了第一届全国戏曲会演，李少春、叶盛章、李洪春、李金泉等都获得了演员表演奖。

（三）从《白毛女》到《红灯记》，对现代戏的创新与贡献

对于京剧与现代生活，李少春认为："京剧艺术能够反映现实生活，无疑地也会增强它的生命力，使京剧艺术更加提高，演出也就更活跃了，同时也克服了它的暮气。"② 此外，李少春也认识到："由于京剧表演艺术是在长期反映古代生活的基础上提炼出来的，

---

① 高文澜：《李少春艺术思想探索》，《戏剧论丛》1982 年第 2 期。
② 李少春于 1958 年 5 月 21 日写给友人李光灿的信。

它不仅博、精、深、广，而且严谨周密，如果只是生搬硬套地表现现代生活和现代人物，就难免给人以格格不入之感。因此，表演艺术上的推陈出新就提到最迫切的日程上。"①

1958年3月22日晚，中国京剧院一团在北京人民剧场首演《白毛女》。京剧《白毛女》，由范钧宏、马少波根据贺敬之、丁毅同名歌剧改编，阿甲、郑亦秋导演，剧本通过佃农杨白劳被地主黄世仁逼死后，其女喜儿的悲惨遭遇，深刻揭示了农民和地主不可调和的阶级矛盾。剧中，李少春饰杨白劳，杜近芳饰喜儿，袁世海饰黄世仁，叶盛兰饰王大春。李少春饰演老贫农杨白劳，虽然只有3场戏，可分量很重。杨白劳的悲惨遭遇，直到含恨而死，既是全剧前半部的悲剧高潮，又是喜儿悲惨命运的导火索，演好这个人物，对全剧的剧情发展举足轻重。第一次演现代戏的李少春，对杨白劳这个人物的性格、表情和心理变化进行了认真细致的分析和研究，并结合人物合理地运用传统的表演程式，进行了创造性的创新实践。无论表演、念白、唱腔以及感情的宣抒，都表现得真实、自然、感人，成功地塑造了这位忠厚、善良、受尽地主压榨的贫苦农民形象，为京剧表演现代生活、人物打开了一条可行之路。在唱腔方面，李少春认为，"要考虑到与环境、与人物情绪是否吻合，还要考虑到观众是否接受。"在这个前提下，"把传统的唱腔加以分析和选择，重新组织起来"，而不要要花腔。歌剧中杨白劳出场"漫天风雪"的唱法，低沉压抑，宽厚深远。李少春借鉴歌剧的歌唱方法，用散板的形式，唱得低沉哀婉，把杨白劳躲债七天沉重的心情唱出来。在念白方面，李少春在设计时反复琢磨、练习，他

---

① 李少春：《谈京剧现代戏表演的几个问题》，《人民日报》1963年12月1日。

说："杨白劳这个角色怎样念法？如果纯用韵白，四声分得太清楚，安在这个老佃户身上不合适；如果纯用京白，又显得轻飘。经过多次试验，最后我们才决定了用口语化的韵白——即用京字念韵白，不把四声像传统那样分得那么清楚，也不上口。"① 《白毛女》一剧，推动了京剧现代戏的创作革新，进一步丰富了李少春的表演艺术。在把传统程式合理地移入现代戏表演的同时，也丰富了他的现代戏表演理论。对于现代戏表演的动作、行当、扮相及三者间的相互关系，李少春有独到的见解，他认为形体动作"一方面是把传统程式动作生活化，另一方面是把现代生活动作京剧艺术化"；对动作表演与行当的关系要求，他认为"现代生活动作京剧艺术化的本身，就要求演员接触与处理本行当过去所没有涉及的程式，这就要突破行当"；扮相与形体动作的关系也是两方面的，"一方面它使许多传统程式动作不能被勉强搬用，因而促使演员去'化'，去创造；另一方面恰当的扮相又会为'化'和创造提出有利的条件"②。

周恩来总理看了《白毛女》后，给予高度评价："今天看了京剧《白毛女》，感到很高兴！看来京剧表现现代生活是很有前途的，有希望的……京剧、昆曲是比较古老的剧种，表现现代生活比其他剧种困难更多一些，但可以克服，从实践来看是有前途的，一定要坚持下去，继续搞试验……李少春同志饰演的杨白劳是成功的，演得很朴实，有感情。旧的程式用了不少，'抢背''僵尸'都用上了，妆也化得很好，看起来很自然，很感人。"③

----

① 李少春：《我演杨白劳的经过和体会》，《戏曲研究》1958 年第 4 期，第 83—87 页。
② 李少春：《谈京剧现代戏表演的几个问题》，《人民日报》1963 年 12 月 1 日。
③ 王志勤：《周总理关心京剧事业的几件事》，《百年潮》2012 年第 4 期，第 50—52 页。

1964年初夏，中国京剧院一团排演了《红灯记》。京剧《红灯记》由阿甲、翁偶虹根据上海爱华沪剧团同名沪剧本改编，阿甲执导。李少春在《红灯记》的排演中，不但在表演上，在唱腔创作各方面都付出了辛勤的劳动。在使用唱腔方面，李少春既化用传统唱法，又有所创新，他注意唱段和剧情发展的协调，唱腔和念白、动作表演的结合。他和编、导、音乐设计人聚一起，创造了许多精彩的唱段，如"党教儿做一个刚强铁汉"，这段唱被江青及其追随者否定，后来的演员深为惋惜。第5场李玉和的"临行喝妈一碗酒"这段唱，也很有特点。在念白上，李少春为适合李玉和这个人物的气质、面貌，一改《白毛女》《林海雪原》时"风搅雪"的念法，而是采用了标准的普通话——"京白"，使人听起来更符合《红灯记》的人物语气、口吻，显得更真实亲切。

张云溪曾评价说："至于说京剧现代戏，少春也作出了杰出的贡献，不止是《白毛女》，若没有少春，哪有《红灯记》？很多唱腔都是他创造出来的。像少春这样把传统戏、现代戏演得都那么杰出的人，确实不多。"① 刘长瑜说："《红灯记》中李玉和光辉的舞台形象，是李老师首先给树立起来的。他之所以演得好，一方面当然是因为传统的底子厚，而更重要的是，他抱定革新的思想。因此，他能熟练而又大胆地驾驭传统的技巧，使之乖乖地为塑造现代人物服务。"②

从《白毛女》到《红灯记》，可以看出李少春对京剧现代戏表演的不断探索、追求、创造的过程。这不仅提高了他本人的表演艺

---

① 张云溪：《基础厚、路子宽、造诣深》，《人民戏剧》1982年第4期，第9页。
② 刘长瑜：《永不保守的革新家》，《人民戏剧》1982年第4期，第12页。

术，而且丰富了京剧现代戏的表演艺术，为京剧现代戏的创新和发展提供了许多有益的经验，也使李少春成为京剧史上创造、表演现代戏的先驱者和改革家之一。

Inheriting and Blending innovation
——The foundation of Peking Opera Master
Li Shaochun's artistic achievement

Wang Xiaomei

Abstract：Li Shaochun is the first old man in Peking Opera, and the only performing artist in the history of Peking Opera who is both civil and martial arts. Inheriting the Yu（Shu Yan）, Yang（Xiaolou）two schools, laid the foundation of its Yunwen Yunwu performance style; Absorbing the excellent performance forms of other Peking Opera schools and other operas and integrating their own artistic style are the important conditions for their brilliant artistic achievements. The innovation and improvement of traditional Peking Opera, new historical opera and modern opera is a major contribution to the development of Peking Opera.

Key words：Inheritance; integration; innovation; Li Shaochun's artistic achievements

"诗言志"视域下的《晋察冀日报》诗歌

马春香①

摘要：中国古典诗歌在"诗言志"的诗学思想影响下，取得了辉煌的成就。中国新诗自诞生之时起，虽然在语言和形式上与古典诗歌大相径庭，但"言志"的诗学思想在诗歌内容方面依然发生着指导性作用。在抗日战争炮火中成长起来的《晋察冀日报》及所刊发诗歌，以深情的笔触记录下抗日战争时期晋察冀根据地的战争场景、军民生活及其精神意志，形成了独特的艺术风格，是"诗言志"观念在新的时代环境下开出的新花。

关键词：诗言志 《晋察冀日报》 诗歌 艺术风格

一

"诗言志"出自《尚书·尧典》，朱自清先生在其《诗言志辨》中称其为中国诗论"开山的纲领"②。作为一种文学理论主张，"诗言志"既是对诗歌创作的明确要求，又是对诗歌欣赏者思想感情和思维活动取向的揭示。

---

① 马春香，河北省社会科学院文学研究所副研究员。
② 朱自清：《朱自清古典文学论文集》，上海古籍出版社1980年版，第190页。

孔子说：“《诗》三百，一言以蔽之，曰思无邪。”① 这里强调的是诗歌思想价值上的雅正，要求诗歌从思想感情上影响人。孟子认为，“说《诗》者，不以文害辞，不以辞害志”②，就是要正确体察和领会《诗经》作者的立意和情志。汉代的《诗大序》用“温柔敦厚”解诗，要求诗歌“发乎情，止乎礼义”。

到了魏晋时期，随着思想文化多元局面的出现，开始强调诗歌抒发个体情感的作用。西晋陆机在《文赋》中提出“诗缘情而绮靡”，南朝沈约在《宋书·谢灵运传论》中也主张“以情纬文”，梁代萧纲《答张赞谢示集书》则说“寓目写心，因事而作”，更重视诗歌内心情感和外物的融合。唐代孔颖达在《春秋左传正义》中明确提出“在己为情，情动为志，情志一也”。这种情志并重的理论主张，标志着中国传统诗学对诗歌本质特征的认识已趋于成熟，它既强调诗歌丰富深刻的思想内容，又重视文学本身的抒情性特点，对后代文学创作产生了深远的影响。

中国古代文学史上向来不缺具有深刻现实性和批判性的“言志”之作，从屈、宋的怨尤悲愤，司马迁“不虚美，不隐恶”的“实录”，到建安风骨的“梗概多气”，中唐新乐府的“风雅比兴”，再到明末遗民的亡国之痛和晚清救亡志士的抒怀，“言志”一直是中国古代文学的一个重要主题。

几千年的中国古典诗歌在“言志”的诗学思想影响下，取得了辉煌的成就。中国新诗自诞生之时起，虽然在语言和形式上与古典诗歌大相径庭，但“言志”的诗学思想在诗歌内容方面依然发

---

① 杨伯峻：《论语译注》，中华书局 1980 年版，第 11 页。
② 杨伯峻：《孟子译注》，中华书局 1960 年版，第 215 页。

生着指导性作用。

二

晋察冀抗日根据地，是抗日战争期间中国共产党在山西、察哈尔（存在于1912—1952年）、河北等省份接壤地区建立的抗日民主政权。1937年10月，聂荣臻率八路军115师着手创建晋察冀根据地。1937年11月7日，根据中共中央、中央军委的命令，以阜平、五台为中心的晋察冀军区成立。1938年1月，晋察冀边区军政民代表大会在河北阜平召开。会议经过民主选举，成立了晋察冀边区行政委员会。这是中国共产党领导的第一个敌后抗日民主政权，也是华北最大的敌后抗日根据地。

为宣传组织全民抗战，鼓舞边区军民抗日斗志，1937年12月11日，《晋察冀日报》的前身《抗敌报》创刊，由晋察冀军区出版。1938年8月改由晋察冀边区出版，成为中共晋察冀边区党委机关报。1941年11月，《抗敌报》改名为《晋察冀日报》，1948年6月14日终刊，在10年多的时间内共出版报纸2854期。《晋察冀日报》不仅伴随着晋察冀边区根据地一起发展壮大，而且是中国共产党在敌后根据地创刊最早、连续出版时间最长、影响最大的党报之一。《晋察冀日报》是当时晋察冀根据地乃至国内对敌作战的重要宣传武器，彭真赞其为"边区人民前进的灯塔"，聂荣臻誉之为"民族的号筒"，陆定一也在《人民新闻家邓拓·序》中说，《晋察冀日报》"不仅为晋察冀立了功劳，而且为所有的抗日根据地立了功劳，为全国的抗日战争立了功劳"，是"无价之宝"①。

① 晋察冀日报社研究会编：《人民新闻家邓拓》，人民出版社1987年版，第1页。

　　《晋察冀日报》是中国共产党抗日统一战线中重要的抗战武器和思想卫士，同时也是边区群众的喉舌与思想武器，刊发的诗歌为晋察冀抗日根据地的文艺建设做出了特殊贡献。在诸多文体中，最敏感的当属诗歌，在国难当头之际，遭受蹂躏的屈辱与苦难，奋起反抗的激愤与坚忍，都见诸诗歌。

　　据统计，《晋察冀日报》从创刊至终刊共刊发诗歌 420 余首，其中抗日战争时期约 240 首，解放战争时期约 180 首，绝大多数为新诗，只有 20 余首格律诗。抗日战争时期，新诗经过 20 余年的发展，已不再稚嫩，无论在内容、艺术形式还是创作理论方面都有了长足的进步。这些诗歌，具有"鲜明的战斗风采、饱满的战斗热情、浓厚的生活气息、淳朴简洁的语言和形式"[1]，形成了其独特的风格。

　　《晋察冀日报》诗歌的发展变化与当时的战争局势密切相关，主要分为两个发展阶段。第一个阶段是创刊至抗战胜利，主要以《晋察冀日报》的文艺副刊《海燕》《老百姓》《文化界》《晋察冀艺术》《子弟兵》等为阵地，目的在于统一抗日思想、提升抗日胜利的信心，推广抗战文艺。第二个阶段是抗日战争胜利后，主要以《晋察冀日报》第四版和文艺副刊《每周增刊》《副刊》等为阵地，以 1945 年后到达张家口的作家，如田间、孙犁、林采、红杨树（魏巍）、蔡其矫、艾青、萧三、钱丹辉等人为主，他们的作品提升了《晋察冀日报》诗歌的思想深度和艺术水平。

　　综观《晋察冀日报》中的诗歌，主要具有以下几个特点。

---

　　[1]　商燕虹：《抗战时期晋察冀边区的诗歌运动》，《史学月刊》1990 年第 2 期。

（一）诗歌内容和题材以晋察冀军民战斗生活为主，具有鲜明的战斗性和大众性

敌后抗日根据地艰苦而火热的战斗和生活，时刻激励着生活在这片土地上的人们，不管是广大的文艺工作者还是战士和老百姓，他们运用诗歌的形式，把内心或炽热或悲愤或痛苦或坚定的情感及时表达出来，控诉日寇的暴行，歌颂战斗英雄、赞扬劳动模范，号召农民多开荒多打粮、军工多造手榴弹，宣传破坏铁路、开展交通战，鼓励上冬学识字班、讴歌民主生活，提倡妇女解放，赞扬儿童站岗放哨，批评懒汉、痛斥封建老顽固，等等，极富战斗性、现实性和鼓动性。

日寇在中国大地上犯下的滔天罪恶数不胜数，令人发指，他们奸污妇女、刺杀婴孩，在晋察冀边区，像《疯妇人》这样的悲惨的母亲不计其数，她"不知道自己抱着的是一件破烂的衣裳/不知道自己已走到人牲的悬崖的疯狂/像一阵旋风，从这里卷到那里/像一片枯叶追逐着汹涌的波浪/呼喊着孩子，呵，那亲爱的熟悉的名字/有如荒芜的墓地的一个飘忽的幽灵/飞散蓬乱的头发/没有终止地跑着/呵，向着那丘陵如波的寂寞的旷野/去寻找生命的诱惑的火光……/世间再没有痛苦与悲哀/比这疯了的妇人的重大而凄惨/……这妇人抱着她的孩子的破烂的衣裳/当做活着的孩子呀/永远的孩子，可爱的孩子/亲密的抚慰着孩子，呼喊孩子/用恐怖的声音保护着孩子/忽而哭着，又忽而笑着/密云低压着的夏日的天空/暴风雨与轰雷闪电与爆烈的闪光激剧的争斗着的/痉挛着她的明暗无定的脸色/呵，踏着埋葬着她的孩子腐烂的骸骨的/那片被敌寇的烧杀装饰成如此荒凉的/那片"无人区"的寂寞的旷野/飞散蓬乱的头发/没有终止的跑着/永远的呼喊，狂野的呼喊/和着冬天的寒风的

呼啸/激荡着千万人的心底悽厉的回声/'孩子呀！孩子呀
……'"①

我们英勇的将士们，无论付出任何代价都要保卫家乡的人民土
和地："即使英雄的白骨筑成高山/即使生命的血流汇成大海/即使
你身旁的同志仆到在一边/我们还是要一样的勇敢/向前进攻/我们
望着辽阔的天空/我们歌唱未来的光明/我们握紧火热的枪筒/喂，
同志，向前进攻/血流了，从血上跨过去/人倒了/从人上跨过去/向
前进攻！"② 面对牺牲，晋察冀的诗人们沉痛又充满激情地讴歌每
一位像李子文一样的勇士们："一个人的死是没有什么足以悲哀/
尤其是一个革命者死在他的神圣的岗位上/然而朋友和同志哟/你的
死震动我的心灵/……/别人都安全的撤退了/而你却以碎裂的肢体
躺卧在山间/你以你自己的死救活了你的亲爱的同志/……/这是在
战争中的一个布尔什维克的典型的死法。"③

据资料显示，抗日战争时期的晋察冀边区，可谓全民皆兵，
"老大娘拿着针线活，坐在村边的柳荫里放哨；小孩子拿着扎枪，
仰着脸，睁着机警的眼睛，向你盘查路条。"④ 没接受过现代文明
熏陶的老人和孩子做出这样的行为，显示出最朴素的人类情感的激
荡。此时，晋察冀边区涌现出众多感人的参军场景，父母送儿子、
妻子送丈夫参军蔚然成风。有孩子以父亲当兵为荣的，如苏田
《我的爸爸去当兵》；有弟弟妹妹送哥哥当兵的，如曼陀《送我哥
哥去当兵》；更有全家齐上阵的，如史轮《全家打狼》："俺娘入了

---

① 林采：《疯妇人》，《晋察冀日报》1941年11月22日。
② 林采：《向前进攻》，《晋察冀日报》1941年10月25日。
③ 小林：《英雄的死之歌——纪念李子文同志》，《晋察冀日报》1942年1月31日。
④ 魏巍：《晋察冀诗抄》，中国青年出版社1958年版，第9页。

妇救会/俺爹拿枪上战场/我干儿童团来站岗/姐姐替同志们洗衣裳。"① 边区人民不仅把自己的亲人送上战场，还热情地把仅有的几个干枣或者几个鸡蛋拿出来慰劳战士们，如《同志！这是点小意思》《韩老头慰劳八路军》。

关于雁翎队神出鬼没打击日寇的故事，可以说家喻户晓，口衔芦管、头顶荷叶潜伏在芦苇丛中的雁翎队队员形象也成了《新儿女英雄传》《荷花淀》《小兵张嘎》等文学、电影作品中的经典造型。据《白洋淀志》记载，抗战期间，雁翎队历经大小战斗近百次，击毙、俘虏日伪军近千人，缴获大批武器弹药，在中国抗战史上留下了光辉的一页。蔡其矫的《雁翎队》就是一首反映雁翎队英勇作战的诗歌："白洋淀，这梦想的地方/像十一月的天空，美丽而安详/在那静静的水面，走着无数的小船/前面高举的船头上，架着无数的抬枪/……/而今日，人们不再用火药去对付雁群了/因为战争侵入白洋淀，白洋淀兴起了反抗/……/啊，青年们，快把船划出港汊/我们生在白洋淀，白洋淀不能受欺侮/在故乡的水面上和抢掠者决一死战吧/啊，勇敢的孩子，快把抬枪扶准/让波浪作为敌人永久的坟墓；我们歌唱着归来/迎接我们的，将是光明的村庄和欢呼的白洋淀！"将优美的景色与冀中人民的斗志结合起来，具有强烈的抒情色彩和必胜的决心，并且用语简洁直白，容易理解。

由于诗人们与根据地群众一起生活，一起斗争，所以边区人民生活的方方面面都进入诗人的视野，形成诗作，如《上冬学》《开荒》《春耕》《麦收》《打铁》《挖防空洞》《纺棉曲》《农业生产热潮》等，还涌现出许多令人称道的劳动生产模范，如《吴满有》

---

① 史轮：《全家打狼》，《抗敌报》1939年4月22日，《老百姓》副刊第23期。

《农会主任赵老灵》等。

总之，《晋察冀日报》中的诗歌以深情的笔触记录下抗日战争时期晋察冀根据地的战争场景和军民生活及其精神意志，在硝烟弥漫的阵地上写下了战斗和牺牲、民族大义和个体价值、死亡恐怖和人性关注等。

（二）诗歌形式灵活多样

《晋察冀日报》诗歌在形式方面有着鲜明的时代烙印，出现了街头诗、岩壁诗、枪杆诗、传单诗、故事诗、叙事诗、民谣、歌谣、童谣、山歌、诗配画等多种体裁形式，既能及时充分地反映抗日救亡和人民解放的时代风云，又被边区军民喜闻乐见。

街头诗始于延安，却在晋察冀得到了蓬勃发展。街头诗把口号宣传的内容诗歌化，短小、精悍、明快，在打倒敌人、动员群众、慰劳战士方面的作用非常明显，田间、邵子南等诗人创作了大批街头诗，如田间《人民同战士》《人民底枪》《反对枪口对内》《打到投降派》《中国人不唱和调》，邵子南《投降的家伙的想法》《投降的家伙的样子》《投降的家伙和我们》等。晋察冀的街头诗除了书写或贴在街头、岩壁上，还写在纸上、武器上，这样就衍生出了传单诗和枪杆诗等新的样式。

田间《中国人不唱和调》："敌人打不下去了/在鬼头鬼脑/拉我们唱和调/中国人呵/和调是不能唱的/不能上圈套！"① 言简意赅却蕴含着丰富的政治内容。"投降派底肩膀上/一面扛着/假抗日底枪/装模作样/一面就拿他们底枪/压迫我们/让自己好去投降"② 这

---

① 田间：《中国人不唱和调》，《抗敌报》1940年2月6日，《老百姓》副刊第38期。
② 田间：《打到投降派》，《抗敌报》1940年2月6日，《老百姓》副刊第38期。

一首朴实无华的口语诗却是当时严酷复杂的战争环境的真实写照，晋察冀军民不但要抗击日本侵略者，还要时刻提防着投降派的枪口和诡计。告诫人们认清投降派的真实嘴脸，不被其蒙蔽。

街头诗运动的感召力是巨大的，晋察冀边区的人民群众不仅阅读、传唱这些诗歌，很多人还尝试着自己创作街头诗，"在晋察冀边区，有一位老太太，用鸡子换红绿纸来写街头诗，把她的街头诗贴到大会上去"①。杨朔说，在晋察冀"到处可以看到街头诗，这些诗采取短俏的形式，运用民谣的韵律，使用活生生的民间语言，描写战争、反扫荡、民主政治、志愿义务兵，以及一切和战争相接的斗争生活，这些诗人绝不高坐在缪斯的宫殿里，凭着灵感去描写爱与死的题材，他们已经走进乡村，走进军队，使诗与大众相结合，同时使大众的生活诗化"②。

短小的叙事诗，更能快捷地反映晋察冀军民的斗争生活，田间对此进行了艺术上的探索和实践，并称之为"小叙事诗"。小叙事诗往往以瞬间的形象和短暂的场景来突显人物的精神风貌。小叙事诗结构严谨，纪实性强，田间的《山中》《偶遇》，于六洲的《刘桂英是一朵大红花》等都属于小叙事诗。

晋察冀边区的党政军领导人是晋察冀诗人和广大群众歌颂的对象。田间在他的组诗《名将录》里，分别截取聂荣臻司令员、贺龙将军、萧克将军、杨成武将军、白乙化司令等的片断生活，抒唱他们的业绩，赞美他们的精神品质。《山中》记述了贺龙师长指挥陈庄歼灭战的事迹，全诗将叙事与抒情有机地结合在一起，给读者

---

① 田间：《田间诗文集》（第6卷），花山文艺出版社1997年版，第13页。
② 杨朔：《敌后文化运动简报》，《解放日报》1942年11月25日。

留下了难忘的印象。《偶遇》以一个老农的口吻写他眼中既和蔼可亲又不乏威严和仁爱的聂荣臻司令员："将军，他在我门前/喝过茶，歇过马/将军，他在我门前/和我谈过话/问过我的庄稼/长的差不差/将军人好/我看连马也好/马拴到树上/树皮也不咬/将军又是威严/又是那么仁爱/好比山间明月/爱照穷人的路/我告他：这伙人/都在路上烧茶/要欢迎大将军/他笑道：他已走了/呵哈！上午的事/下午才明白/原来那位将军/就是聂司令员！"①

毛泽东主席曾于1940年指出，"妇女的伟大作用第一在经济方面，没有她们，生产则不能进行"②，所以，要取得抗日战争的胜利，就必须发动妇女参与生产和斗争。但是，中国几千年来男尊女卑的封建思想根深蒂固，农村妇女更是普遍缺乏独立自主意识，因而妇女解放成为一项迫切又艰巨的工作。《晋察冀日报》诗歌比较注重宣传妇女思想解放，于六洲的《刘桂英是一朵大红花》③，叙述了刘桂英和代表封建思想的婆婆之间的斗争，她最终挣脱了婆婆的思想束缚，投身于集体活动，积极宣传抗日，也影响了婆婆思想的转变。这些诗作是对新人新风的颂扬，也是为抗日工作进一步争取妇女支持所做的宣传与劝说。

故事诗也是晋察冀诗人的一个创造。故事诗一般都有一定的故事情节，篇幅比较长，通过一个故事或者一个人的几件事描写发生在群众身边的斗争故事，歌颂英雄模范人物，充满浓厚的乡土气息，深受晋察冀人民的喜爱。如艾青的《吴满有》、孙犁的《大小

---

① 田间：《偶遇》，《晋察冀日报》1946年7月7日，《七七纪念特刊》。
② 中华人民共和国全国妇女联合会：《毛泽东主席论妇女》，人民出版社1978年版，第9页。
③ 于六洲：《刘桂英是一朵大红花》，《晋察冀日报》1942年4月1日。

麦粒》都是流传和影响比较广的故事诗。

诗人们还借用河北歌谣创作出一批新歌谣，宣传革命思想，如林采《叫亲日派滚蛋》《跟着共产党向前走》《反对这般懒老婆》《我们要唱焦全英》等。焦全英是平山县的劳动女英雄，林采创作了《我们要唱焦全英》，用民间歌谣的形式，歌颂她的模范光荣事迹，这首歌谣后来被李劫夫谱成歌曲，在晋察冀边区广泛传唱。而《老百姓》《子弟兵》等副刊刊发的普通百姓和战士的作品，也大多采用民谣、顺口溜方式写成，贴近百姓生活，通俗易懂，如黑仔《哥哥上前方》、苏田《我的爸爸去当兵》、小鲁《加紧春耕》等。

诗配画是一种富于时代特征的大众化的艺术创造。画作有单幅的，也有多幅的。田间的《坚壁》就是一首配画诗。

(三) 在艺术风格上呈现出一种悲壮与崇高相辉映、粗犷与优美相交织的美学特征

晋察冀的军民们用枪炮创造着新世界，诗人们则用率真质朴的笔触讴歌时代、军队和人民。他们以真挚强烈的爱国情感，在生活中汲取诗情，使这些诗歌既有鲜明的战斗色彩和饱满的革命激情，又充满着浓厚的生活气息和乡土气息，语言朴素明快，"充满火辣辣的热情，与活生生的现实"①，形成了独特的美学特征。

在语言方面，因当时边区群众的文化水平和知识水平较低，约有80%的老百姓不识字，所以"办老百姓自己的报纸"的《老百姓》副刊，不但采用图文结合的报道手法可让百姓看得懂、读得懂，而且诗歌语言非常通俗，富于地方特色，甚至连诗歌题目也都通俗易懂，如《蒋委员长打算好了》《给我个》《全家打狼》《这

---

① 陈辉：《十月的歌》，作家出版社1958年版，第259页。

算盘打得过》《这把子"保安队"》《打呀打》《不当伪军》《月亮地》《大傻瓜》等即是如此。

晋察冀诗人不仅能根据当地百姓的文化水平使诗歌做到通俗易懂，而且还力求用乡音表达乡情。出生于晋察冀地区的曼晴和孙犁等诗人对方言土语的运用可谓得心应手，"朝山"（朝拜山上的寺庙）"大集"（农村的集市）"大秧歌"（地方戏曲）"嘎咕"（坏）"不占"（不行）等词语为诗歌涂抹上了浓郁的地域色彩，如同出自百姓之口一般。

晋察冀诗人选用这些淳朴、鲜活的方言土语，使诗真正为人民而歌，贴合了人民群众的文化背景，满足了人民群众的审美需求，因而也取得了极佳的传播效果。

抗日救亡和人民解放，是中国 20 世纪三四十年代的时代精神。晋察冀诗歌在内容上都是表现晋察冀军民的斗争生活的，具有鲜明的时代精神和崇高的思想情操，在表现形式方面也有着鲜明的时代特征，适应和满足了根据地军民的审美需求。当然，紧张的战争与残酷的环境使晋察冀诗人和军民们没有余暇去推敲每一首诗的形式美，因此《晋察冀日报》诗歌的艺术风格在整体上呈现出悲壮与崇高外，不少诗作难免于粗犷率直中显得过于直白而缺乏诗意。

三

"诗言志"这个古典诗学命题对中国古典诗学及文学创作产生的影响非常深远，中国古代的文学家们均把个体生命经验中的"志"与家国、民族、社会责任相结合，形成了积极进取的儒家精神传统。建安风骨、新乐府运动、古文运动等在理论界与创作界的一呼百应，究其实质都是在一定程度上对"诗言志"的回归。我们今天来评论《晋察冀日报》刊发的诗歌，更多地应从实用价值着眼，它鼓舞士气，团结民心，揭露日寇的暴行，加速敌人的败亡，使千万人一条心，挽救民族的危亡，催化抗战的胜利，其价值足以为我们永远纪念和追思。这也可以视作是新诗对中国古典文学倡导的"言志"传统的继承和发展。

中国诗学一直强调诗歌应有"先天下之忧而忧，后天下之乐而乐"的理想与情怀，而且诗歌的优劣也常以是否关心社会和国家大事作为评论标准，提倡"文章合为时而著，歌诗合为事而作"。在民族危亡的关键时刻，晋察冀诗人们站到了时代的风口浪尖上，他们一手拿笔，一手拿枪，成为名副其实的战士诗人。他们擂鼓鸣号，喊出人民群众的心声，成为民族的代言人。无论是街头诗、叙事诗还是歌谣、配画诗，都是诗人们手中的战斗武器，是"诗言志"观念在新的时代环境下开出的新花。

经过诗歌及各种形式的抗日文化的宣传，晋察冀边区人民群众的思想很快就被统一起来。到1944年底，全区总兵力已由边区成立初期的2000余人增加到9.1万余人，民兵增加到63万余人。①晋察冀边区军民抗战的光辉历史已永载史册。虽然我们无法定量地估算《晋察冀日报》诗歌在其中发挥的作用，但众所周知，大众传播的影响力与其普及程度呈正相关性，故毫无疑问，《晋察冀日报》诗歌在鼓舞人民进行对敌斗争中起到了相当大的作用。

---

① 周继强：《晋察冀军区简史》，《军事历史》1995年第1期。

The poetry of Jin Chaji Daily from
the perspective of "Poetry expresses ambition"

Ma Chunxiang

Abstract: The Chinese classical poetry has made brilliant achievements under the influence of the poetic thought of "poetry expresses ambition". Since the birth of Chinese new poetry, although it is quite different from classical poetry in language and form, the poetic thought of "poetry expresses ambition" still plays a guiding role in the content of poetry. The Jinchaji Daily, which grew up under the artillery fire of War of Resistance against Japan, and its published poems recorded the war scenes, military and civilian life and spiritual will of Jinchaji base area in War of Resistance against Japan period with affectionate brushwork, forming a unique artistic style, which is a new flower of the concept of "poetry expresses ambition" in the new era environment.

Keywords: poetry expresses ambition; Jin Chaji Daily; poetry; artistic style

《红色雄安》评介

朱文通　李德帅①

2017 年 4 月 1 日，中共中央、国务院印发通知，决定设立河北雄安新区，主要承接疏解北京非首都功能、推进京津冀协同发展的历史性任务。河北雄安新区系国家级新区，主要包括河北保定安新县、雄县、容城县及周边部分区域。这一被各界称为"千年大计"的重大工程上马后，迅速掀起了大规模开发建设的热潮，正在按计划进行中。

一石激起千层浪，河北雄安新区的成立，引起社会各界的广泛瞩目，特别是在学术界掀起了研究雄安新区历史和现实问题的热潮。当前有关新区现实问题的研究，主要集中在从政治学、经济学及生态文明角度分析和探讨雄安新区的历史地位、发展模式，以及雄安新区在京津冀协同发展战略中的作用等一系列问题上。与此同时，从历史、文物考古、地方志等学科进行研究的论著也日益增

---

① 朱文通，河北省社会科学院历史研究所研究员。李德帅，河北师范大学历史文化学院硕士研究生。

多，陆续出版。河北省社会科学院历史研究所专门召开了纪念雄安新区成立一周年学术研讨会，并推出了《雄安研究》系列出版物，引起学术界同仁的普遍关注。总体来看，目前还没有从中共党史角度梳理雄安新区红色基因及其历史传承问题研究的论著。党的十八大以来，习近平总书记在多种场合强调要传承红色基因，赓续红色血脉。回顾地处历史悠久燕赵大地的雄安新区发展史，其始终与中国共产党的领导同呼吸、共命运，积淀着深厚的红色基因。在中国共产党建党百年之际，由雄安新区宣传网信局组织编写的《红色雄安》一书，于2022年3月河北雄安新区成立五周年前夕，由河北美术出版社出版，可喜可贺。

通览《红色雄安》一书之后，我们认为观点正确，结构合理，资料翔实，寓论于史，雅俗共赏。该书虽然出自众人之手，但是，文笔生动，深入浅出，图文并茂，通俗易懂，对雄安新区百年来红色历史进行了较为深入系统和全面的梳理和研究。全书以时间为序，分为5章，对雄安新区不同时期的重大历史事件分专题进行探讨，求真求实，深入挖掘红色基因的精神内涵，立足于学术研究和普及提高，理论性和可读性兼备，同时又着眼于大众普及，是一部研究雄安新区红色基因颇具理论价值的最新力作，是一部不可多得的进行革命历史教育的优秀理论读物，适合社会各界广大读者特别是党员干部和大中学生阅读，令人爱不释手。读罢该书，我们认为主要特点如下。

一、本书结构合理，内容安排自成体系，别具一格

该书内容充实，观点新颖，史料丰富，旁征博引，较为系统全面地回顾了雄安新区革命斗争的发展历程和红色文化的发展历史，

从辛亥革命推翻清朝的封建专制统治，到"五四"新文化运动时期马克思主义的传播；从中国共产党组织发展的星火燎原，到全民族抗日战争的波澜壮阔，华彩乐章，尽收眼底。如：第一章，回顾晚清民初时期雄安地区的民主革命斗争和教育事业的变革；第二章，阐述 1920—1930 年代雄安地区中国共产党地方党组织的建立、发展和艰苦卓绝的革命斗争；第三章，详细描述 1930—1940 年代冀中平原的敌后根据地的抗战史诗等，结构紧凑，引人入胜。

本书以时间先后为序，主要通过雄安新区百年史上标志性的历史人物和历史事件，梳理雄安新区的红色历史，深入挖掘革命人物鲜为人知的成长历程、革命事件的来龙去脉和前因后果，将发生在雄安大地的革命历史生动真实有趣地展现在读者面前。比如：第四章，重点介绍冀中抗战中涌现出来的英雄模范及其光辉事迹。其中，女性英模尤为突出，如革命母亲陈秀贞培养并大力支持四子一女投身革命斗争；还有，永不屈服的雄县"江姐"张小党、坚贞的共产党人王者兰、抗日英雄张金凤等。第五章为点睛之处，将视角投向冀中抗战中的文化战线，梳理了冀中地区的抗战文艺活动，重点介绍了孙犁、梁斌、王林等闻名全国的冀中作家及其红色经典作品。通过上述重大历史事件对雄安新区历史影响的发掘和研究，循序渐进地透视雄安新区百年来的红色文化，进而深刻地揭示了雄安新区红色文化和中共党史、革命史息息相关的内在联系。雄安新区百年来的红色文化有着深厚的历史背景和光荣的革命传统，实际上就是中国共产党领导下的奋斗史和思想文化史，共产党人的大无畏的革命斗争精神和无私奉献精神就是雄安新区红色文化的基因、内核和精髓。对英模光辉事迹的研究和介绍，对红色文学经典作家和作品的挖掘和研究，则令历史上的红色文化基因和革命精神栩栩如生，跃然纸上，让读者在深受触动和感动的同时，激发读者昂扬向上的干劲和拼劲，自觉抵制历史虚无主义的不良影响，学有榜样、行有楷模、赶有目标，让红色文化基因迸发无限的精神力量。

二、资料丰富翔实，大量图片尤为引人瞩目

本书作者高度重视档案及其他各类资料，并充分吸收前人研究成果，在这方面下了很大功夫，做足了功课。不仅能够很好地运用《中国共产党河北历史》《晋察冀抗日根据地史料丛书》《冀中抗日根据地斗争史》等有关论著和资料汇编，而且还查阅了大量地方志史资料、回忆或口述史料、报刊史料，如《解放日报》《冀中导报》等，尽量收集占有全面丰富的资料，力求言必有据，翔实可靠。特别是大量运用在冀中战斗过的聂荣臻、吕正操、杨成武等人的回忆录和《三纵队进行曲》《交通战歌》《游击队之歌》等文艺素材，使本书更具感人的历史画面感。

此外，大量图片资料的挖掘和利用，是本书的又一显著特征。图片资料丰富了该书内容，图文并茂，直观生动，增强了阅读趣味，帮助读者深刻地理解并认识革命历史和红色文化，具有无可辩驳的说服力，起到不可替代的作用。

近年来影像史学越来越成为史学界的热点之一，编写组聘请摄影专业的同志从始至终参加本书图片资料的搜集、整理和编辑工作，使本书在图片资料的搜集整理和研究工作得到了可靠的保证，质量上乘，一时无两。本书挖掘了不少冀中区的新图片，生动地展示了冀中抗日根据地的发展历程，呈现出一个又一个清晰而又十分珍贵的历史细节，是展现抗战时期根据地建设和军民形象的鲜活资料。如，120师军史资料研究会、冀中人民抗日斗争史资料研究会

等部门珍藏的 20 多张图片，反映抗战时期冀中区军民高涨的抗战热情，有地道战、水上游击队等战斗场景，有威风凛凛的八路军官兵形象，有反映军民合作的抗战年画和张贴画，还有支前的运粮小队及破坏敌人封锁沟的影像等。特别是还有美国摄影师汉森拍摄的反映冀中抗战的珍贵照片 6 张，视角独特，颇为罕见。这位美联社记者于 1938 年来到冀中抗日根据地，对当地的抗日八路军进行采访，报道八路军的英勇事迹，并拍摄了大量照片，可谓史海存真。书中还有时任冀中军区摄影组长石少华所拍摄的珍贵照片 10 张，石少华是抗战时期中国红色摄影事业的开拓者，用摄影机承担起责任和使命，拍摄了白洋淀雁翎队、水上游击队、地道战等一批照片，这些红色影像彰显了中国军民不畏强敌的英雄气概和伟大牺牲精神，时刻激励后人不忘传承红色基因，将革命的红色精神发扬光大。

三、文笔优美流畅，细节生动感人

本书立足于通俗科普的定位，无论是人物形象的刻画，还是事件过程的阐述，文字精练，生动感人，富有故事性。作者善于捕捉大量的历史细节，并予以充分的展现。比如，1941 年在冀中十分区的三台村进行了一场激烈的战斗，部队被日军重重包围，负责电台的阎钧和其他负伤战士为掩护战友，决定与敌人同归于尽："我们出不去了。共产党不缺我这支枪，你给我几发子弹，一个手榴弹，我掩护你们！"振聋发聩，令人肃然起敬。而日军在打扫战场时，竟然残暴地对所有已经牺牲的战士补了刀枪，令人无比愤恨，怒火中烧。这样的细节描述，既大力讴歌了八路军指战员不怕牺牲的革命精神，又揭露了敌人无比残忍的兽性。

又如，书中描写日军突然偷袭十分区马坊村，一个曾经参与挖掘地道的无耻叛徒，竟然逼着房东下地洞去找一联县政委张杰。房东急中生智，把地洞向深处多挖一层，并用身体遮住洞口，这才骗过了敌人。房东大娘在敌人走后，一把抱住张杰说："政委呀！保住你一条性命，我们全家都死了也情愿哪！"相信读者必然会为这样的军民团结一家亲的情感所打动，这正是共产党人力量的源泉。

这些丰富的细节使得读者阅读该书时，眼前浮现的不仅仅是一段段感人的故事、一幅幅生动的图片，更是一个个不怕牺牲的八路军战士、无数顾全大局的劳苦大众，他们都怀有坚定的理想信念，勇往直前，直至战胜敌人，不断取得更大的胜利。

四、学术价值与现实意义并重

《红色雄安》一书的出版，之所以能够弥补雄安新区红色基因和红色文化研究的不足，具有较高学术价值，是因为有关研究工作是建立在扎实研究基础之上的；正是这些研究为雄安新区红色文化和红色基因的研究奠定了坚实的基础，而红色文化和红色基因的研究，是上述研究的进一步拓展、深化和升华。如，本书第三章在充分吸收前人有关研究成果的基础上，对抗日战争时期冀中区的军民如何开展游击战争进行了认真的考察和辨析。地道战是游击战的形式之一，关于地道战的起源，莫衷一是。本书采取了其中颇有说服力的一种观点，作者指出：冀中军区政委程子华起草的《地道战是人民创造的》一文，是目前所知最早介绍地道战的珍贵文献。书中写到："1939 年 12 月，地道斗争最初是在距离敌人据点较近、受敌人骚扰最厉害的村庄产生的，是一个群众叫作'蛤蟆蹲'的简单防身洞。1940 年九分区独立营有两个战士，无意中把两个掩体挖通，群众也体验到单个洞易受损失，遂发展到多挖洞口，这就是挖地道的开始。"此外，本书对于冀中区地道战的组织形式、作用和影响等问题，以及冀中区游击战中的地雷战，水上游击战等作战形式的研究，也都具有一定的启发意义。

又如，此前研究比较薄弱的1925年安州人民的抗税斗争，1931年容城县的学生运动，1932年容城县的反官产局和白沟河盐店斗争等，本书第二章都进行了全面系统的深入研究，并得出结论："这一次次的斗争，使人们感受到共产党为劳苦大众谋求利益，赢得了人民群众发自内心的信任和支持。"这一点评极为精当，画龙点睛，促使读者结合有关史实，深入思考冀中农民革命斗争与中国共产党组织发展的关系等问题，没有共产党的领导，就无法发动劳苦大众起来开展反抗斗争；没有广大人民群众的支持，党的组织及其领导的革命斗争就无法顺利开展，更不要说取得革命斗争的胜利。

再比如，关于冀中抗日根据地文化事业建设的研究，本书重点研究了《冀中一日》书写活动。这一活动由冀中军区政委程子华倡导，党政军民广泛参与，书写作者在1941年5月27日这一天的生活、工作和斗争情况，这个时间是随机确定的，并无其他寓意。当前学界更多地强调《冀中一日》的文学史意义，而缺乏史学视角下的分析探讨和研究。本书从文史结合、文史互证的视角，对这一活动的历史背景、性质、影响及成书出版情况等进行了再探讨，并给予高度评价："冀中一日的写作运动，成为冀中文艺运动的转折点。它的意义远超出那个历史时代，至今影响犹在。"书中不乏类似的精辟论述，所有这些对于有关的专业研究者深化认识、拓展研究领域，也不无启发。

党的历史是最生动、最有说服力的教科书。本书一方面力求寓教于史，一方面高度重视发掘红色文化的现实教育意义。历史爱好者可在此书中领略近百年来雄安新区历史发展的巨大成就，感悟英雄们的无畏牺牲的革命精神，深入地了解雄安地区的革命与建设，历史与现实，进一步提升本地区乃至河北人民对雄安地区的认同感、归属感、荣誉感和自豪感，进一步激发广大干部群众对党史学习的热情，有助于传承雄安地区的红色基因，这其中就包括"狼牙山五勇士"般坚定的理想信念，"英雄六连"硬骨头的担当精神，富有创新意识的"雁翎队"精神等。

狼牙山五勇士坚定理想信念，不畏牺牲，与日本帝国主义进行了顽强抗争。雄安新区"千年大计"的历史定位，使得其建设的完成并非一朝一夕，这就更加需要坚定的理想信念，秉承"功成不必在我"的精神，积极为建设雄安新区建言献策。从冀中军区走出来的硬骨头六连，历经抗日战争、解放战争、抗美援朝战争的洗礼，始终保持不屈不挠的精神，强化使命担当。雄安新区的建设需要继承这种拼搏韧劲和责任意识，抱定"功成必定有我"的境界。抗战时期的雁翎队根据白洋淀的特殊环境，创造性地发明水上作战方式，有力地牵制日军，配合抗战。雄安新区未来的关键在于始终保持改革创新的发展精神，在发展理念和规划建设上因地制宜，趟出新路，努力建成创新发展示范区。

当然，该书难免也有一些不足之处，有待进一步研究补充。比如，在时间范围上，作者书写的重点集中在抗战时期，而对解放战争时期以及新中国成立后则着墨较少；在写作视角上，集中在政治、军事、文化方面，而关于经济战线上的论述较为欠缺。另外，还有各章节的比重在比例安排上也应该考虑大致的平衡。但瑕不掩瑜，《红色雄安》以生动的语言、丰富的细节、严谨的写作，为读者勾勒出红色雄安的百年发展历程，是一部难能可贵的历史类科普新作。

习近平总书记说："我们要铭记光辉历史、传承红色基因，在新的起点上把革命先辈开创的伟大事业不断推向前进，鼓舞激励广大干部群众坚定中国特色社会主义道路自信、理论自信、制度自信、文化自信。"在中国共产党成立百年这一重大的历史时刻，站在新时代中国特色社会主义的新的起点上，这部《红色雄安》的出版无疑具有深远影响。本书坚持严谨科学的态度，实事求是地反映中国共产党的革命辉煌历程，对雄安地区的红色历史进行深入研讨、客观记载和全面分析，讲好革命故事，激发昂扬斗志，凝聚起推动雄安新区更好更快发展的强大正能量，以赓续党的红色血脉，用党的历史经验和实践创造启迪智慧，继往开来，开拓进取，进一步促进雄安新区城市群的发展与腾飞。

《雄安研究》征稿函

《雄安研究》创刊于 2018 年，是以雄安为研究对象的学术集刊，由河北省社会科学院主办。

一、本刊欢迎具有学术性、前沿性、思想性的有关雄安研究的相关稿件，涉及的内容包括：与雄安相关的经济、文化、社会、医疗、生态、乡村及与之相关的城市、地理、建筑、规划等学科和跨学科研究。对视角新颖、选题独特、有创见、有卓识的文稿尤为重视。设有城市史研究、区域史研究、京津冀研究、红色文化研究等栏目。

二、关于标题、摘要、关键词、基金项目

（一）标题应简洁、醒目，以能够概括文章主旨为原则，尽量不超过 20 个汉字，必要时可加副标题。

（二）摘要以 200 字左右为宜，应用第三人称客观叙述文章主题和主要观点，不作自我评价。

（三）关键词以 3 至 5 个为宜，应直接反映文章主旨，并以能迅速、准确地搜索到该篇论文为原则。

（四）基金项目需注明立项年度、项目名称、项目编号等。

三、关于篇幅和数字、标点使用

来稿字数本着完整阐述论题与简明扼要的原则，文章字数一般应控制在 15000 字以内，复制比 15% 以内。阐述重大理论问题的文章，服从文章内容的需要，字数可适当放宽，由投稿人自行解决版权问题。文章标点和数字用法按照国家语委的有关规定及国家标准（GB/T15835—1995）《出版物数字用法的规定》处理。引用经典著作应使用最新和权威出版社的版本，引文必须仔细核对原文，以防出现引用错误。

四、关于作者简介：作者简介包括姓名、所在单位、职称、学位、研究方向、邮编、联系电话、电子邮箱等信息。

五、关于审稿：本刊的审稿周期为2个月，如所投寄文章达到我刊的使用要求，便会在此期间收到编辑部的邮件或电话通知。由于编辑部人手有限，难以对所有来稿一一回复，如在2个月内未收到我刊使用、留用或修改稿件的通知，可以自行处理，不必再向编辑部询问文章的处理结果。此外，本刊谢绝一稿多投，对于投寄的打印稿一律不退，本刊有修改删节文章的权利，凡投本刊者被视为认同这一规则。不同意删改者，请务必在文中声明。为方便编辑印刷，来稿一律采用电子文本，请径寄本刊编辑部。

本刊地址：河北省社会科学院历史研究所

电子邮箱：xionganyanjiu2018@ 126. com

邮编：050051

电话：0311—83080381

《雄安研究》 编辑部